ROLF-GÜNTER HAUK · CHRISTEL FOCKEN

ATOMBOMBE MADE IN GERMANY

Georadarmessungen liefern neue Erkenntnisse

Rolf-Günter Hauk

Jahrgang 1949. Nach einer Lehre als Physiklaborant bei der Höchst AG in Frankfurt machte er das Abitur auf dem zweiten Bildungsweg. Danach Studium der Physik/Physikalischen Technik, in der Halbleiterforschung tätig sowie in der Telekommunikation. In den letzten Jahrzehnten seiner beruflichen Laufbahn Planung, Installation und Entwicklung im Bereich Wireless LAN.
Schon seit den 1960er Jahren beschäftigte er sich mit der Geschichte der Kernphysik und der Entwicklung der Atombombe. In den letzten Jahrzehnten wurde die Erforschung des Standes der deutschen Atomforschung bis 1945 zu einem Schwerpunkt seiner Recherchen. Durch Eintritt in den Ruhestand war es ihm möglich, eine erste Veröffentlichung über die Verwendung von Thorium im Dritten Reich mit dem Titel „Kernspaltung und Gaslaterne" im Jahr 2015 herauszubringen. Durch die Veröffentlichung der Georadarbilder aus dem Jonastal entstand in Zusammenarbeit mit Christel Focken die Idee zu dem vorliegenden Buch.

Christel Focken

Jahrgang 1961. Sie wurde durch ihren Großvater Johann Wilhelm Focken zum Eintritt in den „Verein Berliner Unterwelten" inspiriert. Als Leitender Ingenieur der U-Boot Reparaturwerft in La Pallice und später im OKM (Oberkommando der Marine) mit Sonderauftrag prägte der Großvater im Jahre 1965 die weitere Zukunft der damals Fünfjährigen mit dem Satz: „Wir brachten die Maschinenteile der Großkampfschiffe mit Zügen in Bergwerke vor den Luftangriffen in Sicherheit". Nach neun Jahren Mitgliedschaft im Verein gründete sie den „Bundesverband der Privaten Historiker", dem sie bis heute (2017) vorsteht. Ihr Einsatz für den Erhalt der Festungsfront im Oder-Warthe-Bogen wurde 2007 mit dem Ehrenbotschafter-Titel belohnt. Zuletzt machte sie hinsichtlich des „Goldzuges" von sich reden. Sie war 2016 Pressesprecherin bei den Ausgrabungen und arbeitet auch 2017 bei der zweiten Grabungs-Kampagne mit. Ihr neuestes Projekt ist eine Georadarlandkarte der Stadt Altlandsberg in Zusammenarbeit mit dem Landesdenkmalamt.

IMPRESSUM

Brandenburgisches Verlagshaus
Mathias Lempertz GmbH
Hauptstr. 354
53639 Königswinter
Tel.: 02223-900036
Fax: 02223-900038
info@edition-lempertz.de
www.edition-lempertz.de

Bildnachweis: Seite 104
Quellennachweis: Seite 103

Umschlaggestaltung: C. Mertens
Satz/Layout: C. Mertens
Lektorat: Dr. Thomas Müller
Gesamtherstellung:
PrintConsult GmbH, München
Printed and bound in Slovakia

ISBN: 978-3-96058-991-4

Vorwort des Verlags

In Zeiten, in denen sich täglich über Fake News und gefühlte Wahrheiten echauffiert wird, ist uns nicht unbekannt, dass ein und derselbe Sachverhalt bei der Allgemeinheit völlig unterschiedliche Reaktionen hervorruft; nicht selten schwingt die Vermutung mit, dass entscheidende Faktoren der Öffentlichkeit dabei bewusst vorenthalten werden.
Natürlich ist das Anzweifeln der offiziellen Darstellung geschichtlicher Ereignisse keine rein neuzeitliche Erscheinung. Man muss sich nur an folgende Vorfälle und Reaktionen zurückerinnern:

1. „9/11" (11. September 2001), der Anschlag auf das World Trade Center in New York: begangen von islamistischen Terroristen? Oder vielleicht doch eine gezielte und bewusste Sprengung durch den amerikanischen Geheimdienst CIA?

2. Die Ermordung des US-Präsidenten John F. Kennedy am 22. November 1963 in Dallas/Texas: die Tat eines Einzeltäters oder eventuell das Resultat eines Komplotts des militärisch-industriellen Komplexes der USA?

3. 21. Juli 1969, der NASA-Astronaut Neil Armstrong als erster Mensch auf dem Mond: eine von ca. 600 Millionen Menschen in aller Welt an den Fernsehbildschirmen verfolgte Live-Sendung oder ein „Fake", gedreht in einem Hollywood-Studio?

Das sind nur einige prominente Beispiele für den Hang vieler Menschen, hinter bestimmten Vorgängen und Ereignissen mehr zu vermuten, als gemeinhin bekannt ist. Nun, manchmal ist es mehr als legitim, offiziellen Verlautbarungen zu misstrauen:

1. Der angebliche Überfall polnischer Soldaten auf den deutschen Radiosender in Gleiwitz Ende August 1939 war eine Inszenierung der SS. Sie gab Hitler den Vorwand, ab dem 1. September, 5.45 Uhr, „zurückzuschießen" - der Beginn des Zweiten Weltkriegs.

2. Angebliche Massenvernichtungsmittel in der Hand des irakischen Diktators Saddam Hussein waren der Anlass für die USA, im Jahre 2003 zusammen mit Koalitionsstreitkräften den Irak anzugreifen und binnen kürzester Zeit zu besiegen. Massenvernichtungsmittel wurden im Irak nie gefunden!

Und wie steht es um die Relevanz und Stringenz der Theorie, dass die Deutschen vor und während des Zweiten Weltkriegs sehr wohl eine hocheffektive Nuklearforschung auch mit der Zielrichtung einer „Deutschen Atombombe" betrieben? Waren die deutschen Kernphysiker wirklich so brillant, dass ohne deren Zutun (und ohne deutsches Uran) die Amerikaner niemals in der Lage gewesen wären, die Hiroshima- und die Nagasaki-Bombe zu bauen? Oder ist auch das nur ein weiterer Beitrag von wie auch immer motivierten oder politisch verorteten „Spinnern", die sich mit der „offiziellen" Geschichtsschreibung nicht abfinden wollen?

Die Kernfrage lautet doch: Konnte Hitler-Deutschland überhaupt „die Bombe“ haben? Diese Frage geht einerseits an die Historiker, andererseits an die Physiker. Historiker aber denken anders als Physiker. Geisteswissenschaftler gehen an eine Fragestellung indes anders heran als Naturwissenschaftler. Beide haben ihre jeweils eigene Vorgehensweise und Methodik. Und beide haben vom jeweils anderen in aller Regel nur recht wenig Ahnung. Und genau dieser Umstand begründet die Forderung nach interdisziplinärer Zusammenarbeit. Nicht „versus“, sondern „con“. Oder, um im militärischen Sprachgebrauch zu bleiben (schließlich geht es hier um Atomwaffen): Nur das „Gefecht der verbundenen Waffen“ bringt den Erfolg. Was der eine nicht kann oder weiß, kann oder weiß der andere. Beide ergänzen sich in ihren Kompetenzen. Wer also Wissenschaftsgeschichte der Physik betreibt, muss die angeblich so unvereinbaren Kulturen der Geistes- und der Naturwissenschaften verbinden und sollte die Denkweise der beiden Forschungsbereiche verinnerlichen. Während historische Quellen selten widerspruchsfrei sind, machen selbst kleinste Diskrepanzen eine physikalische Theorie wertlos. Die Interpretationsspielräume sind in beiden Fächern höchst unterschiedlich. Aber die naturwissenschaftlichen Aspekte müssen möglichst früh berücksichtigt werden, denn die Integration der Ergebnisse in die Geschichtsschreibung ist ohnehin Sache der Historiker.

Das vorliegende Buch versteht sich als ein Beitrag zu dieser Diskussion über offizielle Geschichtsschreibung und interdisziplinäre Zusammenarbeit. Natürlich sollte niemals außer Acht gelassen werden, dass man sich - gewollt oder unbewusst - immer auch eine eigene Realität schaffen kann, von der man selbst vollkommen überzeugt ist - und zwar so überzeugt und seiner selbst gewiss, dass man für seriöse Gegenargumenten nicht mehr zugänglich ist oder sie unter den Tisch fallen lässt, wenn sie das eigene Weltbild stören. Da wir jedoch von der fachliche Qualifikation der Autoren - Rolf-Günter Hauk, Diplom-Ingenieur, sowie Christel Focken, Vorsitzende des Bundesverbands der privaten Historiker - überzeugt sind und uns ihre Beweisführung schlüssig und plausibel erscheint, hat sich der Verlag dazu entschlossen, ihre Ausführungen einem interessierten Publikum anzubieten. Der Leser kann dann selbst entscheiden, ob er die vorgestellten Thesen ernst nimmt oder ob sie für ihn nur eine Verschwörungstheorie darstellen.

Antje-F. Heel

Brandenburgisches Verlagshaus

1. Vorwort

Schon seit längerer Zeit geht von dem Thema „deutsche Atomforschung" und „deutsche Atombombe" während des Zweiten Weltkriegs eine geradezu mythische Faszination aus, die Menschen aus allen möglichen wissenschaftlichen und weniger wissenschaftlichen Richtungen beschäftigt. So gibt es schon seit längerer Zeit eine Reihe ernstzunehmender Autoren in Deutschland, die ihre Gedanken und - aus ihrer subjektiven Sicht - fundierten Forschungsergebnisse dazu veröffentlichten. Darüber hinaus bietet diese Thematik für Verschwörungstheoretiker ein ebenso dankbares wie grenzenloses Feld, auf dem sich diese Zeitgenossen ungehemmt austoben können - und dies auch tun.

Im nationalsozialistischen Deutschland war die eigene Nuklearforschung natürlich als „Geheime Reichssache" eingestuft. In den USA war das nicht anders: Vom „Manhattan Projekt" wussten nur die unmittelbar Beteiligten. Der Schutz des Geheimnisses um die Technik der künftig stärksten Waffe der Welt war überlebenswichtig. Hierin glichen sich die Systeme, ob Diktatur oder Demokratie. Es stellt sich die Frage: Gab es dennoch einen - einseitigen! - Wissenstransfer zwischen dem Deutschen Reich und den USA, obwohl beide Staaten Krieg gegeneinander führten? Wenn ja: Wie gestaltete sich dieser Transfer während der Kriegshandlungen bis zur Explosion der ersten Atombombe? Wir, die Autoren der vorliegenden Studie, gehen davon aus, dass es solche Verbindungen gab. Deren Aufdeckung ist deshalb ein wichtiger Teil zum Verständnis der jeweiligen Forschungsstände in Deutschland und den Vereinigten Staaten. Erst belegbare Indizien für das Bestehen solcher Verbindungen bieten die Chance zur Beantwortung der einen entscheidenden Frage: Hatte Deutschland eine Atombombe?

Wenn die USA aber schon vorher ihre Nuklearforschung unter Verschluss hielten und der - wir gehen davon aus, dass es einen solchen gab - Wissenstransfer durch ALSOS[1] ebenfalls geheim gehalten und durch das Legen falscher Fährten zusätzlich verschleiert wurde, ist es sehr schwierig, der Spur von Deutschland nach Nordamerika zu folgen.
Die Aktenlage wurde durch die US-amerikanischen Behörden absichtlich verändert. Die zugänglichen Unterlagen in den Archiven verweisen auf eine Spur, die gegen eine deutsche Atombombe spricht. Dies geschah und geschieht in der möglichen Absicht,

1 *ALSOS-Missionen: Anfang 1945 hatten amerikanische Forscher und Militärs praktisch keine Kenntnisse über den Stand der Atomforschung in Deutschland. Da Amerika selbst intensiv an der Atombombe arbeitete, vermutete man gleiches in Deutschland. Ziel einer aus Militärs und Wissenschaftlern gebildeten Spezialeinheit, der ALSOS-Mission, war, Informationen über das deutsche Atomprogramm zu erhalten, führende Forscher gefangen zu setzen und wichtige Apparaturen zu beschlagnahmen, um so letztlich den Einsatz einer Atomwaffe zu verhindern. Bis Ende Juli 1945 waren diese Vorgaben im Wesentlichen erfüllt. Wie das ganze „Manhattan-Projekt" standen auch die ALSOS-Missionen unter strenger Geheimhaltung, auch gegenüber Kriegsverbündeten. Es gab drei derartige Missionen: ALSOS I in Italien, ALSOS II in Frankreich und ALSOS III in Deutschland. Das Hauptquartier befand sich in London. „Alsos" ist das griechische Wort für „Hain", auf Englisch „grove". Zu Ehren von General Leslie R. Groves, dem militärischen Leiter des Manhattan-Projekts und Initiator von ALSOS, wurde diese Code-Bezeichnung trotz nachrichtendienstlicher Bedenken gewählt.*

SS-Obergruppenführer Dr. Ing. Hans Kammler (1901-1947; links, mit Staatssekretär Gottfried Feder und Oberst Stubenrauch)

Desinformation zu betreiben. Ein solches Vorgehen ist bis heute immer noch der beste Weg, um von den tatsächlichen Wahrheiten nachhaltig abzulenken.

Hinzu kommt, dass Deutschland sich trotz seiner seit 1991 wiedererlangten vollen Souveränität bis heute nicht von dem Vorwurf der Beeinflussung durch amerikanische Verschleierungsmaßnahmen freisprechen kann. Deutschland war bis zum Abschluss des „Zwei plus Vier"-Vertrags[2] im Jahre 1990/1991 dem Viermächtestatus unterworfen. Es ist deshalb nicht auszuschließen, dass offengelegte archivalische Quellen, die solch verschleiernde Täuschungsmaßnahmen belegen könnten, bis heute immer wieder „angepasst" werden und dafür

2 Der „Zwei-plus-Vier"-Vertrag, dessen offizielle Bezeichnung „Vertrag über die abschließende Regelung in Bezug auf Deutschland" lautet, ist der Staatsvertrag zwischen der Bundesrepublik Deutschland, der ehemaligen Deutschen Demokratischen Republik (DDR) sowie den vier Siegermächten des Zweiten Weltkriegs: Frankreich, die - ebenfalls nicht mehr existierende - Sowjetunion (UdSSR), Großbritannien und die Vereinigten Staaten von Amerika. Er machte den Weg frei für die Wiedervereinigung Deutschlands. Der Vertrag wurde am 12. September 1990 in Moskau unterzeichnet und trat am 15. März 1991 in Kraft. Völkerrechtlich ist dieser Vertrag der Friedensvertrag, der den Zweiten Weltkrieg in Europa und damit das Besatzungsstatut der Siegermächte über Deutschland beendete. Erst seit diesem Vertrag ist Deutschland vollständig souverän, alliierte Vorbehaltsrechte aufgrund des Besatzungsstatuts gibt es nicht mehr.

sorgen, dass das Geheimnis um die deutsche Atombombe auch weiterhin ein Geheimnis bleibt. In den USA sind trotz des „Freedom of Information Act"[3] von 1967 die Aktenbestände zu ALSOS und der Entwicklung der Atombombe in Amerika auch weiterhin gesperrt.

Eine Möglichkeit, trotz der behördlichen und geheimdienstlichen Blockademaßnahmen dennoch der Wahrheit auf die Spur zu kommen, bietet die Georadar-Entdeckung von Dipl. Ing. Peter Lohr am „Hamster"[4] im Jonastal.

Durch einen Kontakt mit der Autorin Christel Focken und deren Bekanntschaft zu Rolf-Günter Hauk entstand die Idee, dieses Thema aufzugreifen und die Ergebnisse der Georadar-Forschungen hinsichtlich der deutschen Atombomben-Forschung neu zu bewerten und vor allem der Öffentlichkeit zur Verfügung zu stellen. Alle Interessierten sollen so die Möglichkeit erhalten, die neu gewonnenen Erkenntnisse in ihre korrekten Zusammenhänge zu bringen.

Peter Lohr entdeckte mit Hilfe des Georadars Anomalien im Erdreich, die auf bombenähnliche Strukturen hinweisen. Christel Focken hatte durch zur selben Zeit gemachte Entdeckungen in Polen rund um den geheimnisumrankten „Goldzug von Waldenburg" („Hitlers Goldschatz") auf Georadar-Forschungen zurückgreifen müssen. Sie kam damit in Kontakt zu Peter Lohr. Ihrer beider Arbeiten und Auswertungen in Polen und Thüringen überschnitten sich somit. Die Forschung um das „Führerhauptquartier Riese" (Niederschlesien / Polen) führte Rolf-Günter Hauk und Christel Focken gemeinsam nach Wien, wo sie sich mit dem Thema „Transporte von Material durch SS-Obergruppenführer Dipl. Ing. Hans Kammler" sowie mit der Rolle der Deutschen Reichsbahn befassten. Dazu sahen sie in erster Linie die sogenannten „Wagenkontrollbücher" durch. Da die beiden Forscher hinsichtlich der unterirdischen Atomforschung einen wesentlichen Teil zur Vervollständigung des Puzzles beitragen konnten, entstand der Plan, dieses Thema in einem Buch aufzuarbeiten.

Die Frage, ob in Deutschland bis zum Ende des Zweiten Weltkrieges eine deutsche Atombombe bis zur Einsatzbereitschaft entwickelt wurde oder ob erst die Amerikaner mit der Forschung im Rahmen des berühmten „Manhattan-Projekts" den buchstäblich zündenden Funken in die Kernspaltung brachten, beschäftigt bis heute Historiker und Privatleute. Vor allem in der Bundesrepublik Deutschland wird die Frage nach einer eigenen Atomforschung vor dem Hintergrund bzw. Vorwurf eines völlig deplatzierten Nationalstolzes von vornherein als revisionistische Geschichtsklitterung verurteilt. Von amerikanischer Seite wird sicher auch alles darangesetzt, eine mögliche deutsche Atombombe in der offiziellen Historiografie zu verhindern. So ist die Quellenlage in beiden Ländern nicht einfach. Hinzu kommt bis zum Ende des Krieges eine umfas-

3 Der „Freedom of Information Act" (FOIA) ist ein 1967 in den USA in Kraft getretenes Gesetz zur Informationsfreiheit. Es gibt jedem US-Bürger das einklagbare Recht zum Zugang zu Dokumenten staatlicher Behörden. Das Gesetz wurde am 4. Juli 1966 von Präsident Lyndon B. Johnson unterzeichnet und wurde ein Jahr später rechtskräftig. Es ist Ausdruck des amerikanischen Leitbildes einer offenen Regierung eines freiheitlichen Staates. Daher soll der Öffentlichkeit ein umfassender Zugang zu allen Informations- und Datensammlungen gegeben werden. Prinzipiell geht Aktenöffentlichkeit vor Geheimhaltung.

4 Der „Hamster" ist ein Waldstück im thüringischen Jonastal, das direkt am Lämmergraben und am Sonnenberg liegt.

sende Verschleierung der echten Informationen um die ersten drei Atombomben-Detonationen:

Die erste Bombe, gezündet auf dem Testgelände des Manhattan-Projekts in New Mexiko:
- Plutonium-Bombe („Trinity"-Testbombe, 16. Juli 1945)
- Die Explosion, die eine Sprengkraft mit dem Äquivalent von 21.000 Tonnen TNT besaß, erzeugte einen 330 Meter breiten Krater.[5]

Die zweite Bombe, abgeworfen über Hiroshima:
- Uran-Bombe („Little Boy", 6. August 1945)
- Gewicht: 4,04 Tonnen, davon 64 Kilo mit zu 80 Prozent angereichertem Uran 235

5 Zum Vergleich: Am 6. Dezember 1917 explodierte in Halifax (Kanada) bei einer Schiffskollision ein französischer Munitionsfrachter. Dabei explodierten 35 Tonnen Benzol, 63 Tonnen Schießbaumwolle, 2.300 Tonnen Pikrinsäure und 200 Tonnen TNT (Trinitrotoluol). Die Folge war die fast vollständige Zerstörung der Stadt. Der tonnenschwere Anker des Schiffes wurde später 3.850 Meter vom Explosionsort entfernt gefunden. Das Unglück kostete mindestens 1.950 Menschenleben. Wissenschaftler untersuchten später die Explosion, dabei waren sie vor allem an der Zerstörungskraft interessiert. Im Ersten Weltkrieg wurden nicht nur in den Alpen, sondern auch an der Westfront riesige Sprengsätze (Minen) unterirdisch unter die deutschen Stellungen gebracht und gezündet. Der Vergleich von Sprengmengen und deren Zerstörungskraft war Ziel der Untersuchungen in Halifax.

- Die Explosion mit einer Sprengkraft von vergleichbaren 13.000 Tonnen TNT forderte bis 90.000 Tote.

Die dritte Bombe, abgeworfen über Nagasaki:
- Plutonium-Bombe („Fat Man", 9. August 1945)
- Gewicht: 4,67 Tonnen

Die Explosion mit einer Sprengkraft von 22.000 Tonnen TNT kostete etwa 140.000 Menschen das Leben.

Mit diesem Buch soll eine neue Sichtweise auf die deutsche Atombombenentwicklung aufgezeigt werden. Im Zuge der Recherchen und als Folge der bereits zum Jahresanfang 2017 in einigen regionalen Medien gemachten Veröffentlichungen von Peter Lohr erwuchsen zum Teil heftige Diskussionen. Von den Autoren nicht ganz unerwartete Meinungsäußerungen und (Gegen-)Publikationen versuchten, die Existenz (bzw. auch nur die Möglichkeit dazu) einer deutschen Atombombe zu bestreiten. Es verwundert, wie viel Aufwand getrieben wird, um zu beweisen, dass eine solche Bombe nie existiert hat und deutsche Wissenschaftler nie dazu in der Lage gewesen wären, eine Kernwaffe nicht nur zu entwickeln, sondern auch zu bauen. Die Vielfalt der Unterlagen und Dokumente in den diversen einschlägigen nationalen und internationalen Archiven lassen nicht nur den Schluss zu, dass es eine deutsche Atombombe nie gegeben hat. Die Autoren kamen nach der Auswertung der vorhandenen Unterlagen zu dem Schluss, dass die veröffentlichten Ergebnisse sich daran orientierten, welches Resultat gewünscht war. Je nachdem wurden deshalb bestimmte Archivalien und Dokumente miteinbezogen oder ausgeschlossen. Historische Forschung aber hat ergebnisoffen zu sein! Das Autorenkollegium war deshalb bestrebt, alle Ihnen zur Verfügung stehenden Unterlagen zu sichten, einzuordnen, zu bewerten und auf dieser Basis jede mögliche These aufzuzeigen.

Uns ist bewusst, dass dieses Buch zu heftigen Diskussionen für und wider einer deutschen Atombombe führen wird. Alle bisher veröffentlichten Beweise oder Gegenbeweise sind nur ein Ausdruck der Möglichkeiten des jeweiligen Autors, der das Buch oder einen Artikel dazu geschrieben hat. Je nach Zielsetzung (und dem Grad der Voreingenommenheit!) erkennt man aber oft, ob Dokumente oder Beweise besonders hervorgehoben oder einfach nur ignoriert wurden.

2. U-Verlagerungen

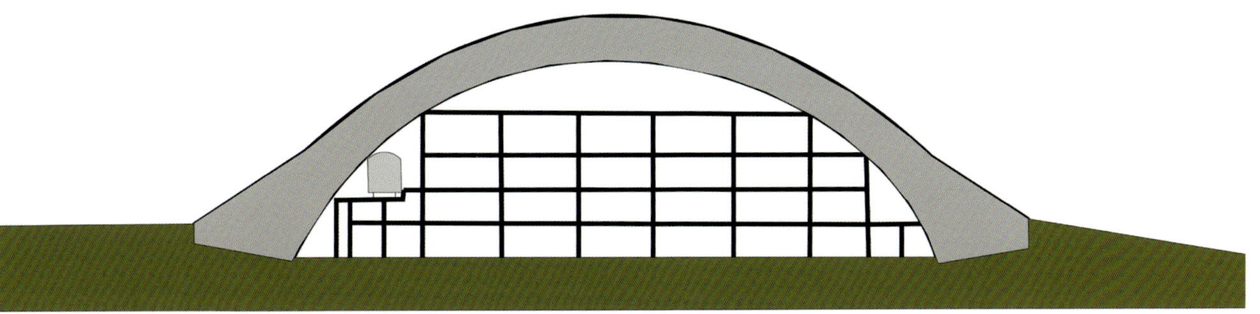

Die Anlage „Weingut 1" ist eine der extremsten Formen einer U-Verlagerung. Zunächst überirdisch, also ohne aufwendiges tiefes Fundament, wurde eine Halle errichtet, deren kuppelförmige Decke aus fünf Meter dickem Beton bestand. Damit wurde ein ähnliches Schutzniveau erreicht, wie es die U-Boot-Bunker an der französischen Atlantikküste vorwiesen. Im Anschluss wurde unter dem Kuppeldach die Erde entfernt, mehrere Etagen eingezogen und ein Gleisanschluss montiert. In dieser Anlage sollten nach Fertigstellung die neuen, den Luftkrieg revolutionierenden Messerschmitt „Me-262"-Düsenjäger gebaut werden. (Zeichnung: Christel Focken)

Xaver Dorsch (1899-1986; links, mit Großadmiral Karl Dönitz und Reichsminister Albert Speer) hat als Bereichsleiter der „Organisation Todt" das meiste Wissen in diesen Bericht eingebracht.

Fritz Todt (1891-1942; Flugzeugabsturz). Nach dessen Tod übernahm Albert Speer die Leitung der „Organisation Todt" (kurz: OT).[6] Die in ihrem Auftrag arbeitenden oder angeschlossenen Bauunternehmen erstellten - auch mit Hilfe von KZ-Häftlingen und Zwangsarbeitern aus den besetzten Ländern - unter anderem auch die unterirdischen Fabrikationsstätten.

---

6 Die „Organisation Todt" (OT) entstand im Mai 1938, als Adolf Hitler den durch den Autobahnbau bewährten Fritz Todt mit den Arbeiten für den bis dahin von der Wehrmacht geleiteten Bau des Westwalls beauftragte. Dafür entwickelte Todt aus dem Zusammenwirken von Bauverwaltungen, privaten Firmen und bis Kriegsbeginn 1939 auch dem Reichsarbeitsdienst (RAD) eine effektive Institution. Sie war nicht das Ergebnis einer legislativen oder exekutiven Entscheidung, es gab weder einen Befehl noch ein Gesetz oder eine Verordnung über ihre Aufstellung. Den Namen „Organisation Todt" prägte Hitler auf dem Reichsparteitag 1938. Schnell entwickelte sie sich aus kleinsten Anfängen zur kriegswichtigsten Organisation außerhalb von Wehrmacht und Schutzstaffel (SS). Ihre Struktur änderte sich von Jahr zu Jahr, sie wurde den Erfordernissen der jeweiligen Aufträge angepasst.

U-Verlagerung Bolkow (Polen) im Satellitenradar. Die oben links gestreiften Flächen sind die noch heute existierenden originalen Hallen der Fabrik, die zum Schutz vor Bombenangriffen in den hinter der Fabrik (Bildmitte) gelegenen Berg verlegt werden sollte. Die beiden Stolleneingänge zur unterirdischen Fabrik sind deutlich zu erkennen. (Geoportal.gov.pl)

Oben: Sicht auf die Fabrik. Bildmitte (rot) der Übergang zum ehemaligen Stolleneingang.

Mitte und unten: Noch heute wird die Weberei zum Teil mit Maschinen der ehemaligen deutschen Anlage betrieben.

Zum besseren Verständnis wollen wir den Begriff „U-Verlagerungen“ und ihren Sinn aus damaliger Sicht erklären. Mit „U-Verlagerungen“ wurden all jene Fabrikationsstätten bezeichnet, die zur Sicherheit vor den alliierten Bombenangriffen „unter Tage“ verlegt, also unterirdisch gebaut oder durch bauliche Maßnahmen vor Bombenangriffen unter der Erde gesichert wurden.

Zwei Jahre nach dem Krieg holten die Amerikaner viele führende deutsche Direktoren und Planer nach Allendorf bei Marburg, um eine Aufstellung der U-Verlagerungen zusammenzustellen. Diese legten am 30. Juni 1947 eine über tausend Seiten starke Dokumentation über die von der „Organisation Todt“ gebauten unterirdischen Anlagen vor.

Diese in Allendorf erstellte Übersicht ging unter dem Namen „Dorsch-Bericht“[7] in die Geschichte ein. Dort sind die meisten der Anlagen beschrieben und auch der Ausbau der Stollen dokumentiert.

Der „Dorsch-Bericht“ macht es heute möglich, gezielt nach den alten unterirdischen Anlagen zu suchen und deren Bauweise nachzuvollziehen. Wichtige Informationen über Stollenbau und Vortrieb werden dort aufgeführt. Der Bericht gilt deshalb als die zentrale Quelle für die Erforschung der unterirdischen Anlagen des Dritten

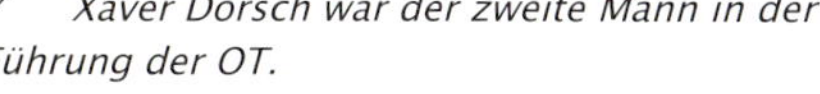

7 Xaver Dorsch war der zweite Mann in der Führung der OT.

Dipl. Ing.
Xaver Dorsch
ehem. Chef der OT-Zentrale.

Neustadt, den 27. August 1947.

ueber Herrn Generaloberst H a l d e r
an
Historical Division

Gemaess einer Vereinbarung mit Captain W e l c h ueberreiche ich hiermit die III. Ausfertigung der im Auftrag von Captain L a n d i s erstellten Ausarbeitung ueber

"Die bombensichere Verlagerung
von Industrie-Anlagen"

Xaver Dorsch.

Würde man allein dem „Dorsch-Bericht“ folgen, würden nur ca. 60 Prozent der unterirdischen Anlagen gefunden, so schätzen Experten.

Reichs in der Zeit zwischen 1939 und 1945.
Bei den Verlagerungen ursprünglich oberirdischer Industrieanlagen müssen wir unterscheiden, ob es sich um eine bereits bestehende Fabrik handelte, die aufgrund ihrer Relevanz für die Rüstungsproduktion unter Tage verlegt wurde, oder ob wir es mit Geheimprojekten von Wehrmacht oder SS zu tun haben. So hat zum Beispiel Himmlers Terrororganisation zwischen Breslau und Waldenburg ein eigenes Projekt unter dem Decknamen „Seehund“ auf den Weg gebracht, um dort für die Kriegsmarine zu produzieren. Was genau aber hergestellt wurde, ist bis heute unbekannt.

Denn obwohl Xaver Dorsch viele der Anlagen und Fabriken aufgeführt und in allen Einzelheiten dort beschrieben hat, sind noch viele weitere Anlagen außerhalb des Verantwortungsbereiches der Organisation Todt errichtet worden.
So hatte z.B. SS-Obergruppenführer Hans Kammler die Befugnis, eigene Stollenanlagen zu bauen und zu betreiben. Hans Kammler (1901 bis 1947 [vermutlich]) gilt überhaupt als Schlüsselfigur, wenn es um die Entwicklung deutscher Geheimwaffen wie auch der deutschen Atombombe geht. Hitlers „Geheimwaffen-Chef“ beging offiziell am 9. Mai 1945 Selbstmord. Nach Veröffentlichung neuer Quellen durch das ZDF bestehen aber erhebliche Zweifel an dieser Version. Danach hat Kammler den Krieg überlebt und wurde heimlich nach Amerika gebracht, wo sein Wissen über die „Wunderwaffen“

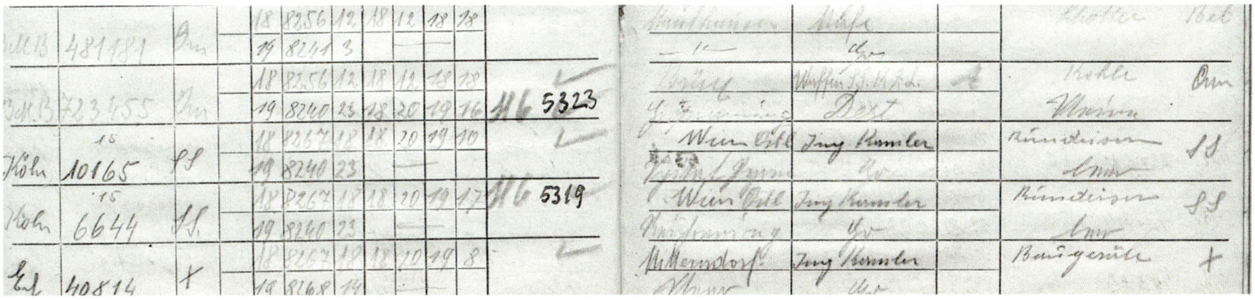

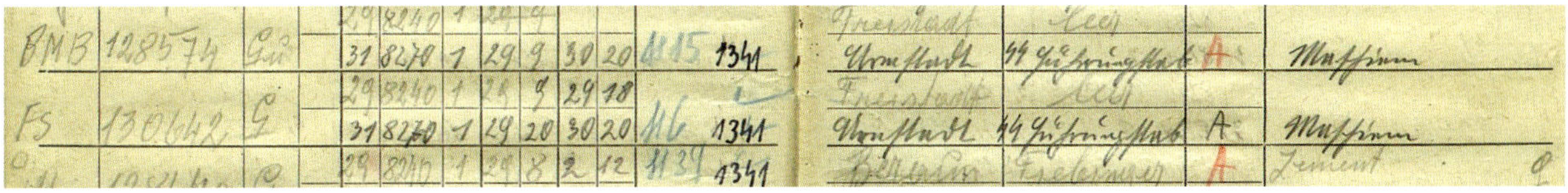

als überaus wertvoll galt. Ein brisanter Fall: Denn der SS-General und promovierte Architekt war maßgeblich am Bau des KZ Auschwitz beteiligt. (Quelle: ZDFinfo, gesendet am 20. Juli 2016). Kammler wurde am 1. September 1943 Sonderbeauftragter des Reichsführers SS Heinrich Himmler für das „A4-/A10-Fernraketen"-Programm - besser bekannt als „Vergeltungswaffe V 2"!
In St. Georgen an der Gusen schuf Hans Kammler unter dem Decknamen „Bergkristall" eine der größten unterirdischen Forschungs- und Fabrikationsanlagen für die revolutionäre Me-262 „Schwalbe". Unterhalb der bisher bekannten Anlage werden deshalb weitere Stollen vermutet. Recherchen in diese Richtung laufen. Österreich unternimmt wie Deutschland alles, um weitere Bemühungen und Erkenntnisse in diesem Zusammenhang zu verhindern.

Die Wagenkontrollbücher beweisen darüber hinaus, dass es auch Transportverkehr direkt aus St. Georgen an der Gusen (Bergkristall) nach Arnstadt (Jonastal) gab. Im Anhang der Liste erkennbar, werden am 29. Dezember 1944 Maschinen verladen und nach Thüringen gebracht.

Oben: Ausschnitt eines Wagenkontrollbuches des Bahnhofes St. Georgen an der Gusen, August 1944. Wichtig ist bezüglich des Forschungsgegenstandes vor allem die rechte Seite. Hier wurde die Ankunft des Waggons oben und die Abfahrt unten eingetragen. Ein Beispiel: Der ankommende Wagen kommt aus Brünn im Auftrag der Waffen-SS. Die aus Kohle bestehende Ladung ist in der äußersten rechten Spalte aufgelistet. Dies bedeutet für das KZ-Außenlager bzw. für die „Bergkristall" genannte Stollenanlage, dass an diesem Tag Kohle angeliefert wurde. Der nun leere Wagen wird im Anschluss für die DEST („Deutsche Erd- und Steinwerke"; gegründet am 29. April 1938 durch die SS) beladen. In den Spalten darunter finden sich drei Reichsbahn-Waggons, die für St. Georgen an der Gusen (also für die Anlage „Bergkristall") beladen wurden: zwei Waggons mit Rundeisen und ein Waggon mit einem Baugerüst. Es ist deutlich zu erkennen, dass Kammler als Obergruppenführer im Auftrag der SS handelte. Dennoch verfolgte er in der Anlage „Bergkristall" seine eigenen Projekte, unabhängig von den Plänen der SS.

Unten: In diesem Ausschnitt ist verzeichnet, dass zwei Waggons der Deutschen Reichsbahn im Auftrag des SS Führungsstabes mit Maschinen beladen und nach Arnstadt versendet werden.

3. Jonastal und Hamster

Zeichnung der Lage der bekannten 25 Stollen. Zeitzeugen berichten von mindestens drei weiteren Stollen südwestlich als Zugang zum Führerhauptquartier „Olga“.

Mit dem Begriff „Jonastal“ verbinden viele in Deutschland ungeklärte Begebenheiten aus der Zeit des Nationalsozialismus. Zwischen Crawinkel und Arnstadt in Thüringen gelegen, bot das mitten im Deutschen Reich gelegene Jonastal eine gut geschützte Stelle für den Stollenbau und die U-Verlagerungen. Von immensem Vorteil dabei war der Umstand, dass in unmittelbarer Nähe der westlich bis ans Tal grenzende Truppenübungsplatz Ohrdruf lag. Bereits 1906 wurde das Areal angelegt und ist seitdem für die Außenwelt relativ unzugänglich. Den Truppenübungsplatz gibt es heute noch. 1936 wurde auf dem Truppenübungsplatz die geheime Fernmeldeanlage „Amt 501“ als Ausweichstelle des Oberkommandos des Heeres (OKH) in Wünsdorf eingerichtet („Amt 500“, Bunker Zeppelin“; dazu auch Christel Focken, Das Oberkommando des Heeres [Helios Verlag]). Außerdem sprechen auch überlebende Zwangsarbeiter vom Führerhauptquartier „Olga“ davon, dass eine Anlage auf dem Truppenübungsplatz unterirdisch angelegt wurde, die einen Zugang vom Jonastal aus hatte. Angeblich soll diese Anlage bezugsfertig gewesen sein.

Das Jonastal bietet aufgrund seiner geologischen Struktur - eine langgestreckte tiefe Schlucht mit nach beiden Seiten aufsteigenden Kalksteinformationen - ideale Voraussetzungen für das damalige Vorhaben.

Nordostwärts dieser Anlage befinden sich weitere Stollen älteren Datums, die bis 1945 als Lager Verwendung fanden. Neuere Georadaruntersuchungen zeigen weitere Hohlräume im Umfeld des hügligen Waldbereichs namens „Hamster“.

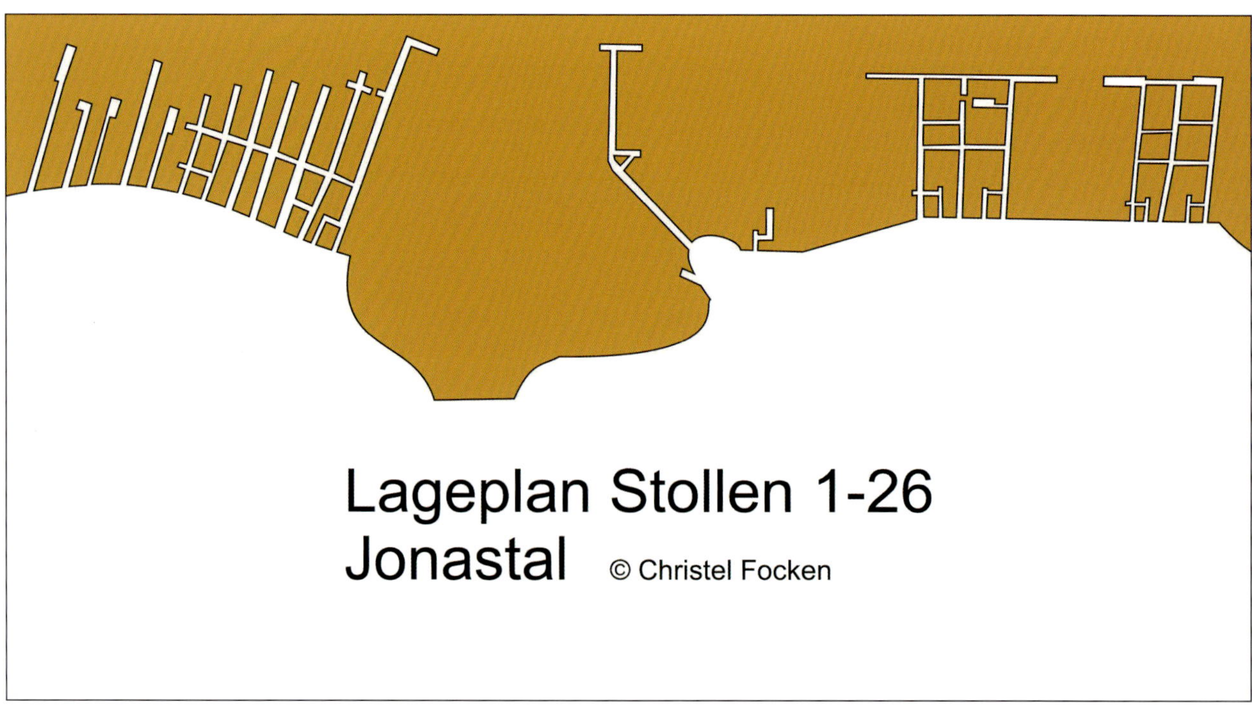

Oben: Zu sehen ist der durch die Rote Armee abgesprengte Hang, unter dem sich die Zugänge zu den Stollen 1 bis 12 befinden; siehe Abbruchspalte im Bild links unten.

Mitte: Stollen 1 im Jonastal. Die Dimensionen entsprechen den Stollen im Führerhauptquartier „Riese" (heute: Osowka in Niederschlesien). Zusatzinformationen unter www.fhq-riese.de.

Unten: Karte von 1945, Lagebild des Jonastals südwestlich von Arnstadt. Die gelbe Fläche zeigt das Areal rund um den „Hamster" mit den Lagerstätten. Die grüne Kennzeichnung weist auf die Bereiche der Stollen in Zusammenhang des FHQ „Olga" hin.

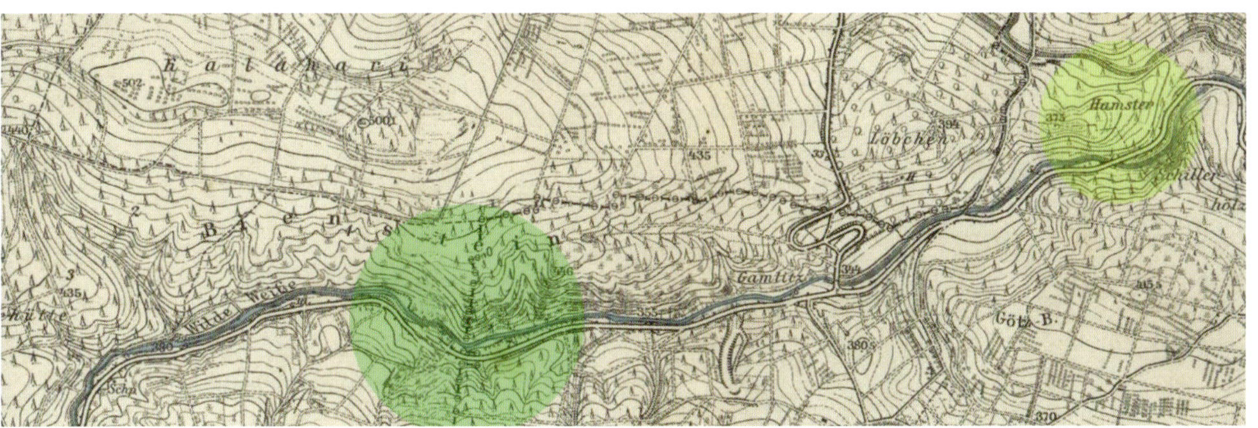

4. Patton in Richtung Süden

George S. Patton (1885-1945)

Ende März 1945 hatte der amerikanische Geheimdienst die Verhöre in den provisorischen und wegen der dort herrschenden katastrophalen hygienischen Zustände berüchtigten Rheinwiesen-Lagern so weit vorangetrieben, dass sich die Nachrichtendienste ein Bild von den geheimen Forschungsprojekten zur Atombombe machen konnten und selbstverständlich auch von anderen Projekten in Thüringen wie der „V"-Reihe.

In der Folge dieser neuen Erkenntnisse erhielt General George S. Patton den Befehl, sein eigentliches Ziel „Berlin" aufzugeben und nach Südosten abzuschwenken.[8]

Der landläufigen Geschichtsschreibung ist zu entnehmen, dass die Rote Armee Berlin allein einnehmen sollte. Die Autoren hegen an dieser Aussage indes erhebliche Zweifel, denn immerhin war General Patton dafür bekannt, dass er mit aller Macht die Nazis von der Bildfläche fegen wollte. Er war sogar bereit, so General Omar Bradley, die britische Armee bei Falaise (Frankreich) ins Meer werfen zu wollen - so, wie es die Deutschen 1940 bei Dünkirchen getan hatten -, um seinen Siegesanspruch zu untermauern. Pattons erklärtes Ziel war Berlin. Für die Amerikaner war aber der Kompromiss, auf Berlin zu verzichten und die Stadt Stalin zu überlassen, ein kleiner und leicht zu verschmerzender Verlust angesichts der Chance zur Ausnutzung der neuen Geheimdienstinformationen. Eine Waffe, die so gewaltig ist, dass sie nicht nur Japan in die Knie zwingen konnte, sondern auch eine Vormachtstellung in der Welt bedeutete, war ihnen wesentlich wichtiger als ein erobertes Berlin, das noch dazu weitgehend zerstört war. Die entsprechenden Vereinbarungen während der Konferenz von Jalta (4. bis 11. Februar 1945) machten schon deutlich, wie Deutschland aufgeteilt werden sollte.

General Patton erreichte Anfang April 1945 Thüringen. Offensichtlich müssen die Geheimdienstberichte hinsichtlich der genauen geographischen Angaben sehr exakt gewesen sein, denn sein Ziel war definitiv die Region um Arnstadt, Ohrdruf und den dort befindlichen Truppenübungsplatz.

Für den Bau von unterirdischen Anlagen war bergiges Land besonders geeignet. Im Deutschen Reich gab es davon reichlich und damit genügend Möglichkeiten für subterrane Bauten. Nicht nur die im Kapitel 2 beschriebenen U-Verlagerungen wurden in solchen Bergstollen untergebracht, auch die gesamte Forschung und geheime Waffenproduktion erfolgte in Anlagen, die bis heute zum Teil noch unentdeckt sind.

In dem Buch „Die Lügen der Alliierten und die deutschen Wunderwaffen" von Edgar Mayer und Thomas Mehner wird davon gesprochen, dass viele Informationen in den Archiven nicht der Öffentlichkeit zugänglich gemacht werden, bzw. gar nicht in den Archiven vorhanden sind. Die Co-Autorin der vorliegenden Publikation, Christel Focken, hat als Vorsitzende des „Bundesverbandes der privaten Historiker e.V." bereits mehrmals die Erfahrung machen müssen, dass selbst die offenbar

8 *Nach http://70years.blogsport.eu/2015/04/01/thueringen-im-april-der-vormarsch-der-3-us-army/*

Übersicht über den Weg (gelbe Marker entsprechend der oben genannten Beschreibung) der 3. US-Armee unter General Patton nach dem Schwenk in Richtung Südosten. Die Marschrichtung Jonastal ist deutlich erkennbar.

einfachsten Unterlagen unter dem Deckmantel des Datenschutzes nicht zugänglich waren. Es ist deshalb anzunehmen, dass staatliche Archive dezidierten Weisungen folgen, die den Zugang zu Unterlagen verhindern, die eine andere, unter Umständen sogar völlig neue Bewertung eines Sachverhalts zulassen würden. Die Frage ist hierbei nur: Wer ist an der Verbreitung und Manifestierung dieser offiziellen Meinung interessiert – und warum? Da das Deutsche Reich seine Geheimwaffenproduktion und Forschungsergebnisse ebenso vertraulich behandelte und „geheim" einstufte wie jede andere Nation auch, wurde mit Sicherheit bis Mai 1945 alles unternommen, um so wenige Informationen wie möglich nach außen dringen zu lassen.

Um die deutsche Vorgehensweise in dieser Angelegenheit besser verstehen zu können, muss man sich in die Mentalität der damaligen Verantwortungsträger und deren Überlegungen hineinversetzen.
Wie perfide man mit menschenverachtender Propaganda das Volk zu beeinflussen beabsichtigte, zeigt besonders ein Aufruf von Dr. Robert Ley[9] aus dem Jahre 1945. (Aufruf in Auszügen. Den vollen Wortlaut findet

9 Robert Ley (15. Februar 1890 bis 25. Oktober 1945) war im Rahmen seiner Positionen als Reichsleiter der NSDAP und Leiter des „Einheitsverbands Deutsche Arbeitsfront" einer der führenden Politiker der NS-Diktatur. Die „Deutsche Arbeitsfront" war die Nachfolgeorganisation der zwangsaufgelösten und verbotenen Gewerkschaften, allerdings mit dem Ziel, die Arbeiterschaft im Sinne des NS-Systems und dessen Ideologie „auf Linie zu bringen". Streiks waren verboten. Im Sinne von „Zuckerbrot und Peitsche" köderte das Regime die traditionell sozialdemokratisch orientierte Arbeiterschaft mit sozialen Wohltaten wie Urlaub (z.B. auf dem „KdF-Dampfer" [„Kraft durch Freude"] „Wilhelm Gustloff", den 1. Mai als Feiertag, Steuererleichterungen u.v.m.). Ley gehörte zu den 24 im Nürnberger Prozess gegen die Hauptkriegsverbrecher vor dem Internationalen Militärgerichtshof angeklagten Personen. Er tötete sich vor Prozessbeginn selbst.

Dr. Robert Ley (1890-1945)

Aufruf des Reichsorganisationsleiters an die Schaffenden in den deutschen Rüstungsbetrieben

Deutsche Männer und Frauen!

In diesen Tagen ist uns allen klargeworden, daß dieser Kampf ein Ringen auf Leben und Tod ist und daß es um Sein oder Nichtsein der Nation geht. Unter Aufbietung aller Reserven an Menschen und Material stürmt der bolschewistische Gegner immer wieder gegen unsere Front an und versucht mit allen Mitteln, den Kriegsverlauf zu seinen Gunsten zu wenden. Würde die deutsche Front nicht standhalten und würde es der deutschen Wehrmacht nicht gelingen, den bolschewistischen Ansturm abzuschlagen, es gäbe niemanden in der Welt, der in der Lage wäre, der drohenden bolschewistischen Flut Einhalt zu gebieten [...] Dieser Kampf beweist erneut, daß der Wille alles vermag. Unser Glaube an unser natürliches Recht zum Leben und daran, daß das Bessere, das rassisch Höhere und das Edlere in der Welt siegen muss, ist fanatischer denn je [...] Für die Pflichterfüllung gibt es in Deutschland keine Grenze mehr, leuchtendes Beispiel ist uns allen der Führer.
Sein Wille ist stärker als das Schicksal. Seine Laufbahn und seine ungewöhnlichen einmaligen geschichtlichen Erfolge zeigen uns, was ein Mensch voll Wille, Energie und Glauben vermag. Schaut auf Ihn und ihr bekommt neue Kraft.

Führer, wir geloben Dir, alles zu tun, was wir tun können. Verlange von uns, was Du willst, befiel und stelle uns hin, wo Du willst. Tag und Nacht wollen wir denken und schaffen, keine Ruhe wollen wir uns gönnen, sondern nur arbeiten und nochmals arbeiten. Unser unbändiger Glaube gibt uns die Kraft, das Höchste an Leistungen zu vollbringen, was Du, Führer, von uns verlangst.

Führer befiehl, wir folgen!
Heil Hitler!
gez. Dr. Robert L e y.

der Leser unter der im Quellenverzeichnis aufgeführten Website www.geo-detect.de/?Atombomben-im-Jonastal/Rede-von-Dr.-Ley.)
Der erste und wichtigste Grundsatz war: „Wir kämpfen für den Endsieg!" Dieser Schlüsselbegriff in der Ideologie und Propaganda in der Endphase des NS-Regimes spielte bei den Rüstungsplanungen und deren Umsetzung eine

wichtige Rolle. Die Tarnung der Zugänge zu den Stollen, unterirdischen Anlagen und Bunkern der geheimen Rüstungsforschung und Produktion beim Eintreffen der Sowjets, Franzosen, Engländer oder Amerikaner würde nur kurze Zeit vorhalten, denn in völliger Verblendung und in ebenso vollkommener Verleugnung der Tatsachen ging man davon aus, dass der Gegner von der Wehrmacht wieder vertrieben würde und die Anlagen wieder zugänglich gemacht werden könnten. Von daher musste die Tarnung nur kurze Zeit wirksam sein. In dieser Gedankenwelt ist Verrat natürlich kein einkalkuliertes Risiko.

SS Obergruppenführer Hans Kammler war als Sonderbeauftragter zuständig für die geheimsten Projekte. Nach Recherchen der Autoren pendelte er zwischen der Anlage „Bergkristall" in St. Georgen an der Gusen und derjenigen in Ebensee in Österreich (Bunkeranlage zum Bau der A 10-Amerikarakete), ferner zwischen der gewaltigen Baustelle des FHQ „Riese" in Niederschlesien, dem Jonastal in Thüringen sowie den anderen wichtigen Anlagen im Deutschen Reich. Für viele dieser Anlagen trug er auch die Verantwortung. Neue Aktenfunde zeigen, dass auch er Geheimnisse an die Amerikaner verriet und bis 1947 auch in Amerika lebte. Übrigens ebenso wie Wernher von Braun, der sich mit seinem ganzen Stab absichtlich von den Amerikanern gefangen nehmen lies und seine Forschungen vorsorglich versteckte, um eine gute Verhandlungsbasis mit den Amerikanern zu haben. Es ist durchaus denkbar, wie dies auch in vielen Publikationen beschrieben wird, dass die Amerikaner schon beim Einmarsch ins Deutsche Reich von geheimen „Wunderwaffen"-Projekten wussten. Genauso ist es möglich, dass Forscher, Angestellte oder einfach nur Bedienstete in den hochgeheimen Anlagen für fremde Mächte spionierten. Selbst in der amerikanischen Anlage Los Alamos hatten die Russen ihren Spion. Das Ziel, Anlagen mit geheimen Hochtechnologieprojekten schnellstens noch vor dem Zugriff des heraufdämmernden Konkurrenten UdSSR zu besetzen und auszuplündern, lag nahe. Man musste also nur noch den Standort der Anlage und deren Zugang finden. Bekam man dabei die verantwortlichen Wissenschaftler zu fassen, hatte man einen zweifachen Gewinn (siehe Wernher von Braun). Im Falle v. Brauns war der Weg des Wissenstransfers allerdings umgekehrt, denn hier bot sich Werner von Braun mit seinen Unterlagen selbst an. Es sind also beide Wege möglich, die den Amerikanern die Standorte mit anschließender Übernahme der deutschen Atombomben- und Raketenprojekte und andere Hochtechnologie zugänglich machten und öffneten.

General Pattons Aufgabe war es jetzt, den Weg für die Spezialeinheiten der Geheimdienste freizukämpfen. Er ebnete tatsächlich den Weg zum Zugang zu den Waffen, die die Amerikaner in die Lage versetzen würden, den Krieg gegen Japan zu gewinnen. Das Jonastal lag dabei auf seinem Weg. Das Hauptziel, die ominöse „Alpenfestung", wäre dann möglicherweise nur das Ende dieses Weges durch Deutschland gewesen. General Patton hätte von seiner damaligen Ausgangsposition seine Armee auch über einen anderen, für die Panzer besseren, Weg schicken können. Dass er dies nicht tat, kann schon ein Hinweis für eine gezielte Suche im Sinne der hier zu erforschenden und zu diskutierenden Fragestellung sein. Der Weg über den Truppenübungsplatz Ohrdruf und das Jonastal war für ihn geographisch ein militärisches Risiko.

5. Kisten aus dem Jonastal

Ende April 1945 standen die ersten amerikanischen Truppen an den östlichen Grenzen Thüringens. Am 4. April wurde Gotha kampflos besetzt, da den amerikanischen Truppen nur zusammengewürfelte deutsche Verbände ohne schwere Waffen gegenüberstanden und die auch nur sporadisch Gegenwehr leisteten.[10] Nach Zeitzeugenaussagen wurde zwischen Februar und Anfang März 1945 in den Stollen des Jonastals nicht mehr gearbeitet. Allein im letzten Stollen des Tals fanden noch Arbeiten statt. Täglich wurden auf dem Bahnhof Crawinkel Kisten auf Lkw geladen, die dann in den Stollen eingelagert wurden. Angeblich handelte es sich es um kriegswichtige Güter aus Berlin. Ab Mitte März erfolgten keine Transporte mehr. Ab dem 2. April 1945 mussten auf Befehl höherer Dienststellen Maßnahmen zur Sicherung der Stollen durchgeführt werden. Dazu gehörte auch das Verlegen von Minen und Sprengfallen an den Eingängen. Im Bereich der oben aufgeführten Stollen wurden ab dem 3. April 1945 die Bautrupps aufgelöst. Ein Teil von ihnen setzte sich mit Lastkraftwagen in Richtung Regensburg ab. Der andere Teil der Häftlinge bekam etwas Verpflegung und rückte ebenfalls in diese Richtung ab. Dann wurden alle Bauunterlagen, Befehle, Aufzeichnungen, Gehaltslisten und Meldebögen verbrannt.
Die Eingänge wurden mit Bäumen und Sträuchern getarnt. In der Nacht vom 3. auf den 4. April 1945 verschwand die SS.[11]

Am 7. April 1945 landeten amerikanische Flugzeuge auf dem Eichfeld. Kurz darauf fuhren Jeeps durch Bittstädt in Richtung Jonastal (siehe Karte Pattons Weg, S. 19). Dort wurden schon am nächsten Tag auf Geheiß der Amerikaner die Stollen durch zurückgebliebenes SS-Personal wieder geöffnet. Anschließend wurden die im letzten Monat eingelagerten Kisten wieder herausgeholt und auf amerikanische Army-Trucks verladen und abtransportiert. Am 9. April fuhren 46 Lkw nach Bittstädt und einige weitere nach Crawinkel. Ein Augenzeuge berichtet dabei von dem Befehl der Amerikaner, dass alle Fenster geschlossen und auch verdunkelt werden mussten. Was hatten die Amerikaner zu verbergen? Am nächsten Tag wurden die Stollen gesprengt und alle Spuren zu ihnen verwischt.

Aus heutiger Sicht müssen den Amerikanern dennoch einige Stollen verborgen geblieben sein, denn die aktuellen Scanauswertungen des Georadars zeigen Objekte, die von den Amerikanern nicht gefunden wurden. Ein weiteres Ziel von hoher Bedeutung für die Amerikaner war das Forschungslabor in Stadtilm.

Die Versuche im Heereswaffenamt (HWA) zur Kernenergie unter Dr. Ing.

10 Dies war vor allem dem tatkräftigen, aber für ihn tragisch endenden Wirken von Josef Ritter von Gadolla (1897 bis 5. April 1945) zu verdanken. Gadolla war ein deutscher Offizier österreichischer Herkunft. Als Kampfkommandant von Gotha sorgte er am Ende des Zweiten Weltkriegs dafür, dass die Stadt vor umfangreichen Zerstörungen bewahrt blieb. Einen Tag nach der Kapitulation Gothas wurde v. Gadolla in Weimar wegen der „Aufgabe des festen Platzes Gotha" zum Tode verurteilt und standrechtlich erschossen. Als seine letzten Worte sind überliefert: „Damit Gotha leben kann, muss ich sterben!" Das Urteil wurde 1997 aufgehoben und er damit rehabilitiert.

11 Nach Zeigert, „Hitlers letztes Refugium"

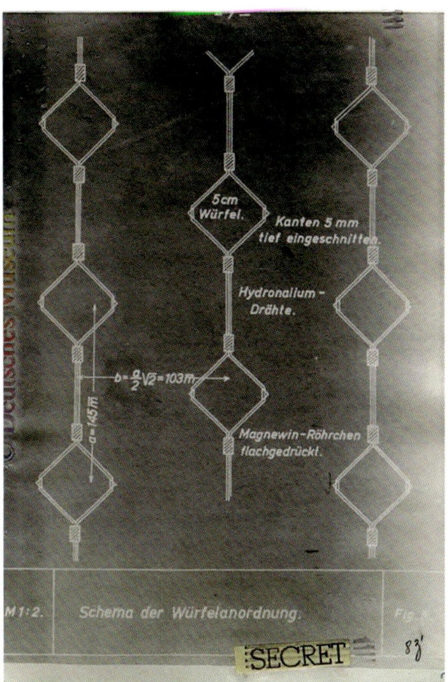

Schema der Würfelanordnung im Versuchsreaktor.

Kurt Diebner, deutscher Kernphysiker (1905-1964)

Kurt Diebner mussten immer wieder unterbrochen werden, da an ein normales Arbeiten wegen der alliierten Bombenangriffe nicht mehr zu denken war. Daher wurde im August 1943 die Forschungsabteilung des HWA in die Versuchsstelle Gottow als Teil der Heeresversuchsstelle Kummersdorf verlegt, denn noch lag Kummersdorf außerhalb der Reichweite der anglo-amerikanischen Viermots. Jedoch war es notwendig, die durch die zunehmenden Luftangriffe auf den Raum Berlin bedrohten Ämter und Stäbe in Sicherheit zu bringen. Deren Verlagerung in sicherere Gebiete wie Süddeutschland und Thüringen war unausweichlich.

Deshalb sollte auch, nachdem der Reaktorversuch „G III" mit einem Kernreaktor durchgeführt war, die „Gruppe Diebner" im Spätsommer 1944 nach Thüringen ausgelagert werden. Als geeignetes Objekt wurde in Stadtilm die dortige Mittelschule auserkoren. Ein örtlicher Mitarbeiter der Gruppe war der Klempnermeister Gerhard Rundnagel. Bevor dieser jedoch anfangen konnte zu arbeiten, wurde er bei einem Gespräch mit zwei Beamten des Sicherheitsdienstes (SD; Reichssicherheitshauptamt der SS) verpflichtet, über seine Tätigkeit zu schweigen. Rundnagel war zuständig für die notwendigen Klempner- und Installationsarbeiten. Neben ihm kamen aus dieser Gruppe noch die Mitarbeiter Diebner, Hartwig, Herrmann, Kamin und Rackwitz nach Stadtilm. Der Wissenschaftler Dr. Friedrich Berkei trat erst später dazu. Neu in der Gruppe waren außerdem der Physiker Fritz Rehbein sowie ein gewisser Herr Beinhorn. Rehbein ist insofern besonders interessant, da dieser ab 1. April 1944 am Aufbau der Versuchsanlage „Gas-Isotopenschleuse" zur Gewinnung von angereichertem U-235 in Butzbach in Hessen bei der Firma „Bamag-Meguin" beteiligt war. Ende Juli 1944 waren die Vorbereitungen für einen Dauerversuch abgeschlossen. Kurt Diebner und Dr. Friedrich Berkei, Diebners Stellvertreter, sowie Vertreter der Firmen „Anschütz" und „Bamag" konnten sich davon überzeugen, dass dem tatsächlich so war. Ein Dauerversuch vom 10. bis zum 17. August 1944 brachte 2,5 g angereichertes UF6 (Uranhexfluorid). Dieser Versuchsapparat wurde danach demontiert und nach Hechingen transportiert. Unter Hartwigs Leitung wurden dann die Laborräume und die Werkstatt eingerichtet sowie die Messgeräte installiert. Geplant war ein weiterer Großversuch mit Uranwürfeln aus Gottow.

So setzte Prof. Dr. Gerlach große Hoffnungen auf die Versuche in Stadtilm. Ob jedoch die obigen Zeilen das wahre Geschehen in Stadtilm widerspiegeln, darf bezweifelt werden. Dennoch ist dies die bisherige offizielle Lesart ...

Machen wir einen Sprung in das Jahr 1966. Im März dieses Jahres wurden

Oberst Boris Pash (1900-1995)

Zeitzeugen über die Vorgänge im Jonastal und den umliegenden Ortschaften von Angehörigen des Staatssicherheitsdienstes („Stasi") des Ministeriums für Staatssicherheit der ehemaligen DDR befragt, darunter auch der bereits erwähnte Klempnermeister Rundnagel. Von dieser Befragung, die in der Kreisdienststelle des Ministeriums für Staatssicherheit (MfS) in Arnstadt durchgeführt wurde, ist ein Protokoll vorhanden. Darin gab Rundnagel an, sich an ein Gespräch mit Dr. Rehbein, einem Mitglied der „Gruppe Diebner", erinnern zu können, bei dem dieser angab, dass sich in den Panzerschränken zwei Atombomben befunden haben sollen(!). Nach Rundnagels Vermutung seien diese später über Hiroshima und Nagasaki abgeworfen worden![12]

Kehren wir wieder zu den Vorgängen zurück, die sich ereigneten, kurz bevor die Amerikaner in Stadtilm einmarschierten. Als Anfang April auch Walther Gerlach (1889-1979), von 1943 bis 1945 der Leiter der Arbeitsgemeinschaft Kernphysik im Reichsforschungsrat (RFR), von dem Vormarsch der Amerikaner erfuhr, erachtete er es als notwendig, alle Hebel in Bewegung zu setzen, um die „Gruppe Diebner" aus Stadtilm nach Süddeutschland zu evakuieren. Dazu nahm er Verbindung zu SS Scharführer (Feldwebel) Fischer vom SD sowie zu einem Herrn Graue vom RFR auf. Letzterer äußerte sich mit den Worten: „Ja, von Stadtilm muss sofort die Atombombe weg".[13] Daraufhin fuhr ein Kommando der SS unter Führung des Standartenführers (Oberst) Ehrlinger nach Stadtilm. Diesem gelang es in Stadtilm, und zwar zwei Tage bevor der Ort von den Amerikanern eingenommen und besetzt wurde, Forscher und technisches Equipment nach Süddeutschland auszulagern. Da die Amerikaner aber wussten, dass sich die Gruppe Diebner in Stadtilm befand, eilten zunächst Oberst Boris Pash, der militärische Leiter der ALSOS-Mission, und anschließend Samuel Goudsmit, wissenschaftlicher Leiter von „ALSOS", nach Stadtilm. Dort wurden die beiden zurückgebliebenen Wissenschaftler Berkei und Hartwig in Gewahrsam genommen und verhört. Dabei wurden auch geheime Unterlagen sowie einige Uranwürfel und Ausrüstungsgegenstände gefunden und beschlagnahmt. Nach einer ersten Auswertung schrieb Boris Pash an Goudsmit: „Wir sind gerade drei Stunden hier und schon ist allen klar, dass wir eine Goldmine entdeckt haben!"[14] Es folgen die Aufzählung der gefundenen Gegenstände sowie der Hinweis, dass Diebner mit seiner Gruppe und einigen Unterlagen aus Stadtilm entkommen war.

12 Originalzitat des Protokolls des MfS. Quelle: Befragungsprotokoll Erich Rundnagel vom 8. Juli 1966 in der MfS Kreisdienststelle Arnstadt, BStU Aussenstelle Erfurt; siehe auch Karlsch, „Hitlers Bombe".

13 Quelle: Interview mit Georg Graue vom 4. April 1966, Institut für Zeitgeschichte (IfZ) München, Sammlung David Irving. Zit. aus Karlsch, „Hitlers Bombe", S. 249.

14 Zit. nach Nagel, Nagel, „Atomversuche in Deutschland".

6. ALSOS und die Atombomben auf Japan

Als man in den USA schon mit dem „Manhattan-Projekt" begonnen hatte, waren die Amerikaner und Engländer natürlich daran interessiert, mehr über den Stand der deutschen Kernforschung zu erfahren und damit auch Erkenntnisse zu erlangen, wie weit die Arbeiten an einer deutschen Atombombe vorangeschritten waren. Im Zuge dieser Recherchen erhielt das „Office of Strategic Services" (OSS), der amerikanische Auslandsnachrichtendienst und Vorläufer der CIA, über verschiedene Quellen umfangreiche Informationen. Zu den nachrichtendienstlichen Quellen gehörte auch der Deutsche Dr. Erwin Respondek (1894-1971), ein Wirtschaftswissenschaftler und Nazi-Gegner. Über seine Freundschaften zu Max Planck und Dr. Müller bei der „Kaiser Wilhelm Gesellschaft" (KWG)[15] erhielt er nicht nur Einblicke in die laufenden Forschungen, sondern auch in die Kontakte von deutschen zu ausländischen Wissenschaftlern. In diesem Zusammenhang ist der Schweizer Dr. Paul Scherrer zu nennen, der mit Heisenberg und Wirtz befreundet war. Respondek schöpfte daraus wichtige Informationen ab. Um jedoch weitere und noch bessere Kenntnisse zu erhalten, wurde über eine Aufklärungsmission nachgedacht, die den auf dem Vormarsch befindlichen alliierten Truppen folgen und wichtige wissenschaftliche Informationen sammeln sollte - besonders solche, die sich auf die kernphysikalische Forschung bezogen.

Im Dezember 1943 wurde ALSOS ins Leben gerufen. Den Befehl über ALSOS hatte der spätere Oberst Boris Pash. Pash wurde in Russland geboren, kam 1918 nach Deutschland, studierte an der Berliner Humboldt-Universität und wurde zum Doktor der Philosophie (Dr. phil.) promoviert. Er emigrierte aus Deutschland und schloss sich dem amerikanischen Geheimdienst an. Zunächst waren 13 Militärs und sechs Wissenschaftler als Team für eine ALSOS-Mission vorgesehen. Am Tag der Kapitulation der Wehrmacht (8./9. Mai 1945) hatte ALSOS 114 Mitglieder.

Zusätzlich zur Entdeckung und Offenlegung von Geheiminformationen hatte ALSOS als zweite sehr wichtige Aufgabe die „counterpropaganda" (deutsch: Gegenpropaganda), also die systematische Manipulation von Informationen zur Vertuschung der eigenen Erkenntnisse. Heute sind dafür die Begriffe „fake news" bzw. „alternative Fakten" üblich geworden. Aus den vorhandenen und freigegebenen Unterlagen ist bis heute die Wirksamkeit der damaligen Vertuschung erkennbar. ALSOS wirkte so erfolgreich, dass bis heute wissenschaftlich belegbare Nachweise bezüglich allem, was mit der deutschen Atombombenforschung zusammenhängt, ungeheuer schwer zu finden sind.

Dr. Paul Scherrer (1890-1969)

15 Die Kaiser-Wilhelm-Gesellschaft zur Förderung der Wissenschaften e. V. (KWG) war bis Ende des Zweiten Weltkriegs die Trägerin der Kaiser-Wilhelm-Institute (KWI. Diese wiederum waren führende Forschungsinstitute, die vor allem der Grundlagenforschung in Deutschland dienten. Die KWG hatte ihren Sitz in Berlin-Dahlem, verlegte den aber in der Endphase des Zweiten Weltkriegs nach Göttingen. Die „Max-Planck-Gesellschaft" der Bundesrepublik Deutschland setzt nach ihrer Satzung „die Tradition der früheren Kaiser-Wilhelm-Gesellschaft zur Förderung der Wissenschaften e. V. fort".

Oben: Donald W. Richardson (1917-1997)

Rechts: Major Robert R. Furman (1915-2008)

Deutlich sichtbar wird diese Effektivität zum Beispiel anhand des Buches von Samuel Goudsmit „ALSOS", welches 1947 erschien. Dort schrieb Goudsmit: „The evidence at hand proved definitely that Germany has no atom bomb and was not likely to have one in reasonable time."
(„Der vorliegende Beweis zeigte eindeutig, dass Deutschland keine Atombombe hatte und wahrscheinlich nicht in absehbarer Zeit gehabt hätte").

Kehren wir zu den Angehörigen von ALSOS zurück. Von ihnen sind zwei besonders erwähnenswert, denn sie stellen die Brücke zwischen dem im Deutschen Reich durch ALSOS erbeuteten Wissen bezüglich der deutschen Atombomben einerseits und den beiden Atombomben auf Japan her.
Ein Angehöriger von ALSOS war Major Robert R. Furman. Nach der ALSOS-Mission in Deutschland wurde Furman als „field commander" auf der Pazifik-Insel Tinian eingesetzt. Tinian aber ist diejenige Insel, von der aus die amerikanischen B-29 „Superfortress"-Bomber mit den Atombomben zum Abwurf auf Japan starten sollten! Furman hatte die Hiroshima Bombe laut Robert K. Wilcox, Autor des Buches „Japan's Secret War", begleitet.[16]

Das zweite Mitglied von ALSOS ist ein ganz besonders geheimnisvoller Mann: Donald W. Richardson. Richardson gehörte während seiner ALSOS-Zugehörigkeit zum Umfeld des späteren US-Präsidenten Eisenhower. In dieser Eigenschaft war er auch an der Bergung der Uranwürfel in Haigerloch beteiligt. Er war verantwortlich für den Zusammenbau der „Little Boy"-Atombombe, also derjenigen Bombe, die über Hiroshima zur Detonation ge-

16 *http://robertkwilcox.com/bio.htm*

bracht wurde. Richardson brachte - so sein im Internet verfügbarer Lebenslauf - angereichertes Uran von der Reichspost in Berlin in die USA. Möglicherweise ist damit aber das „Amt für physikalische Sonderfragen“ (Kernphysik) gemeint, denn alles andere ergäbe keinen Sinn. Dort findet man die folgende Aussage:

“After Colonel Boris Pash, Morris Berg, Donald Richardson and 23 counterintelligence agents captured Werner Heisenberg and Otto Hahn and 136 pounds of weapons grade uranium at the Berlin Post Office, the atomic scientists were sent to London on a DC-4 (similar to the plane above which transported the President to Casablanca, Yalta, Teheran). Don came back on a B-29 to Wendover Air Base in Utah with the uranium.”[17]

Damit hätte Don Richardson 136 Pfund - das entspricht 61,7 kg - waffenfähiges Uran von Berlin in die USA gebracht. Nicht genug damit: Laut der Aussagen seiner Söhne soll er auch Hans Kammler in die USA geschmuggelt und diesen bis zu seinem Selbstmord im Jahr 1947 „betreut“ haben. Man beachte: Hans Kammler wurde zwar in den Nürnberger Prozessen nur einmal kurz erwähnt, jedoch tauchte er später in den einschlägigen UN-Listen als gesuchter Kriegsverbrecher auf, obwohl er sich doch in amerikanischer Gefangenschaft befand.

Die Tätigkeiten von Donald Richardson und Robert R. Furman zeigen, dass die beiden ein Wissen aus Deutschland mitgebracht haben müssen, das die Grundvoraussetzung für den erfolgreichen Einsatz von „Little Boy“ war. Dieses Wissen aber können die beiden nur bei ihrer ALSOS-Mission in Deutschland erworben haben, da bekanntlich der Abwurf der beiden A-Bomben auf Japan am 6. (Hiroshima) und am 9. August 1945 (Nagasaki) einerseits und die entsprechende Informationsbeschaffung durch ALSOS im Deutschen Reich bis zum Kriegsende sehr zeitnah erfolgt war.

17 *http://www.baseballinwartime.com/player_biographies/richardson_don.htm*

Richardson links im Hintergrund sitzend, während an der Atombombe „Little Boy“ gearbeitet wird (vgl. Hinweis in der „Zeitschrift für Geschichtswissenschaft“, Heft 6/2014, S. 504).

Daraus ist zusammengefasst zu folgern:

Das durch ALSOS-Mitglieder bei ihrer Mission im Deutschen Reich erworbene Wissen über deutsche Atombomben wurde bei dem Einsatz der Atombomben über Japan angewendet.

Von dem ALSOS-Mitglied Donald Richardson wurden laut seinem Lebenslauf 61,7 kg waffenfähiges Uran, also angereichertes Uran 235 (siehe Urantabelle, Kapitel „Vom Uran zum Blei"), in die USA gebracht.

Die heutige offizielle Auffassung, dass das Deutsche Reich keine Atombombe besaß und aus der damaligen Perspektive in absehbarer Zeit keine hätte besitzen können, wurde auch durch die offiziellen Statements der ALSOS-Gruppe in die Welt gesetzt. Es kann weiter angenommen werden, dass die US-Regierungen bis heute an der Aufrechterhaltung dieser Sichtweise bzw. Legende interessiert sind.
Weitere Belege für diese These liefert ein Interview, das Andras Sulzer mit dem Sohn von Donald Richardson zu seinem Vater am 20. Februar 2014 führte. In diesem Gespräch erzählte er, dass sein Vater ein Spezialagent des CIC und des OSS gewesen sei. Er hätte ferner Zutritt zu den höchsten Kreisen gehabt. So begleitete er beispielsweise Eisenhower bei den Konferenzen von Teheran, Kairo, Jalta und Potsdam.

Richardson betätigte sich im Rahmen der ALSOS-Mission nicht nur bei der Suche nach Belegen für die deutsche Atomforschung, er hatte auch direkten Zugang zu den Experimentaleinrichtungen von Los Alamos. Konkret war er mit der Kontrolle des Zusammenbaus der ersten amerikanischen Atombombe beteiligt (siehe Bild S. 27).

7. Deutsche Atomforschung

Es ist hinlänglich bekannt und gesichert, dass auch in Deutschland bis 1945 Nuklearforschung betrieben wurde – wie in vielen anderen, in den Naturwissenschaften führenden Nationen. Der entscheidende Durchbruch gelang Professor Otto Hahn im Jahre 1939 mit dem Nachweis der Kernspaltung – eine wissenschaftliche Leistung, für die er den Nobelpreis für Physik erhielt.

Da zu dieser Zeit noch kein Krieg herrschte, tauschten sich Wissenschaftler weltweit über ihre jeweiligen Forschungsergebnisse aus. Danach war es

Otto Hahn (1879-1968)

Links Werner Grothmann (1915-2003), rechts Heinrich Himmler (1900-1945)

praktisch allen Physikern auf der Welt klar, welche Möglichkeiten der Energiegewinnung durch die Kernspaltung zur Verfügung standen. Jedoch nicht nur die friedliche Energiegewinnung wurde erkannt, sondern auch deren militärische Nutzung. Daher beschäftigten sich die Physiker im Deutschen Reich, Großbritannien, USA und Russland mit den ersten Gedankenspielen zu einer Atombombe. Jede Nation hatte natürlich die andere in Verdacht, eine Kernwaffe entwickeln zu wollen. Offiziell wird aber bis heute bestritten, dass an einer deutschen Atombombe tatsächlich gearbeitet wurde. Dies liegt genau auf der Linie der offiziellen Sichtweise, die nach dem Krieg durch die Siegermächte verbreitet wurde und die natürlich auch den deutschen Kernphysikern genehm war. Diese waren nach dem Krieg an einer moralisch „weißen Weste“ interessiert. Sie wollten nicht als Unterstützer der Nazis gelten. Den deutschen Wissenschaftlern waren solche Aussagen der Amerikaner von daher natürlich recht, denn sie haben demnach nur an der ausschließlich friedlichen Nutzung der Atomenergie gearbeitet. Sie bestritten, jemals an der deutschen Atombomben-Forschung beteiligt gewesen zu sein.

Spätestens seit den Veröffentlichungen durch private, nicht staatlich alimentierte Forscher wie Mayer und Mehner („Rätsel des Jonastals“) oder Rainer Karlsch („Hitlers Bombe“), der nachwies, dass vor 1945 doch an der Atombombe geforscht wurde, ist klar, dass im Deutschen Reich nicht nur ein ziviler Kernreaktor, sondern auch eine Atombombe entwickelt wurde. Besonders interessant sind dabei Veröffentlichungen und Patente, die nach dem Krieg erschienen und eigentlich nur Ergebnisse der Forschungen bis Kriegsende sein konnten. Vor allem Diebner, der ab 1939 eine eigene Atomforschungsgruppe an der Versuchsstelle Gottow des Heereswaffenamtes betrieb, befasste sich auch mit den militärischen Aspekten der Kernforschung. Diebner stand dabei in Konkurrenz zu Heisenberg. Beide arbeiteten aber an zwei unterschiedlichen Konzepten für Uranreaktoren. Hier war Diebners Konzept der Würfelanordnung der Heisenberg'schen Plattenanordnung überlegen. Ab 1944 wurde Walther Gerlach Diebners Stellvertreter als Beauftragter des Reichsforschungsrates für die kernphysikalische Forschung. Dass Diebner sich mit der Atombombe beschäftigte, geht unter anderem auch daraus hervor, dass dieser von Werner Grothmann als der Verantwortliche für die Durchführung der Tests auf dem Truppenübungsplatz in Ohrdruf genannt wird.

Werner Grothmann war der persönliche Adjutant von Heinrich Himmler. In einem Interview, das der Historiker Wolf Krotzky mit ihm führte, erwähnte er diesen Umstand beiläufig. Veröffentlichungen von Diebner bezüglich des Baus von Atombomben nach dem Krieg lassen ebenfalls auf eigene militärische Nuklear-Forschungen vor 1945 schließen. So hatte Diebner in der „Zeitschrift Kerntechnik“ von März 1962 einen Entwurf für eine atomare Hohlladung beschrieben. All das sind unter dem Strich deutliche Ansätze dafür, dass man nicht den heutigen, sattsam bekannten Aussagen folgen sollte. Die Kernforschung und der Bau der deutschen Atombombe beinhalten mehr, als uns bis heute bewusst ist und auch weit mehr, als uns immer noch weisgemacht wird. Wenn von staatlichen Stellen, welcher Nation auch immer, wieder und wieder mantraartig stets dieselbe und gleichlautende Lesart als unumstößliche historische Tatsache propagiert wird, ist es schwer, zwischen den Zeilen den wahren Kern einer Information zu finden.

8. Funktion einer Atombombe

Bei der Entdeckung der Kernspaltung durch Otto Hahn erkannte man, dass bei der Spaltung eines Atomkerns zwei, manchmal auch drei Neutronen freigesetzt werden. Wäre es möglich, so überlegten die Physiker, mit den erzeugten Neutronen weitere Urankerne zu spalten, so würde dieser Spaltungsprozess zu einer Kettenreaktion führen, da bei jeder weiteren Spaltung eines Urankernes wiederum mindestens zwei Neutronen erzeugt werden, welche immer wieder fähig wären, weitere Kerne zu spalten. Dieses ist der Fall bei der Spaltung von Uran 235 - allerdings nur, wenn den entstehenden Neutronen genug Uran 235 zur Verfügung steht. Natürliches Uran besitzt nur einen Anteil von 0,7 Prozent Uran 235. Dieses liegt an den unterschiedlichen Halbwertszeiten von Uran 238 und Uran 235 (siehe Kapitel „Vom Uran zum Blei"). Um normales Uran 235 spaltfähig zu machen, wäre es am besten, zu 100 Prozent reines Uran 235 zu besitzen. Es reicht jedoch für den Bau einer Atombombe ein Anreicherungsgrad von 80-90 Prozent aus. Jedoch ist nicht nur der Anreicherungsgrad wichtig, sondern auch die sogenannte „kritische Masse". Dies ist die kleinste Masse, die notwendig ist, um eine Kettenreaktion aufrechtzuerhalten. Diese Größe der Masse ist wiederum abhängig von weiteren Faktoren. Dazu gehören Neutronenreflektoren, die aus der Uranmasse die austretenden Neutronen wieder in die Masse zurückreflektieren, sowie eine entsprechende Bombenhülle zur Verzögerung der Detonation. Durch eine mögliche Kompression des Urans 235 mit dem entsprechenden Anreicherungsgrad kann die „kritische Masse" weiter verkleinert werden. Bei hochangereichertem Uran 235 ist dies ohne zusätzliche Hilfsmittel bei einer „kritischen Masse" von ungefähr 50 Kilogramm möglich. Bei der „Little Boy"-Bombe wurde Uran 235 mit einem Gewicht von 64 Kilogramm verwendet, das zu 80 Prozent angereichert war. Die „überzähligen" 14 Kilogramm mussten wegen des geringeren Anreicherungsgrades zusätzlich verwendet werden, um die kritische Masse sicherzustellen. Zur sicheren Zündung der Uran 235-Atombombe wendet man das „Kanonenprinzip" an. Dies bedeutet, dass zwei getrennte Massen mit einem Gewicht, das jeweils unterhalb der „kritischen Masse" liegt, aufeinander geschossen werden, welche dann als gemeinsame Masse die Größe der „kritischen Masse" erreichen und dadurch die Kettenreaktion auslösen. Dieses Kanonenprinzip wurde vor allem unter dem Sicherheitsaspekt angewandt. Die Trennung in zwei sub-„kritische Massen" verhinderte also eine Selbstzündung des Urans, damit eine unbeabsichtigte Kettenreaktion mit ihren verheerenden Folgen.

9. Aufbau der Hiroshima-Bombe

Welcher Bauplan ist der richtige? Oder: Wie lege ich eine falsche Fährte?

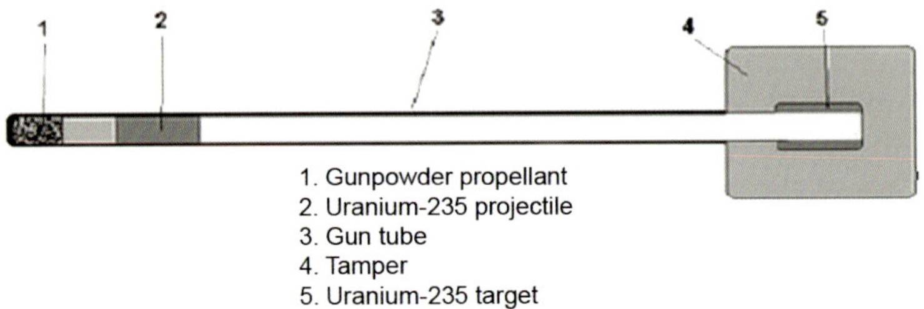

Erläuterung der einzelnen Komponenten innerhalb der Atombombe 1: konventioneller Sprengstoff zum Beschleunigen des Uran 235-Geschosses
2: Uran 235-Projektil
3: Rohr
4: Tamper (Reflektor)
5: Uran 235-Zielkörper (Uran-Kern)

Die theoretischen Grundlagen zum Bau von Kernwaffen sind heute (2017) über die frei zugängliche Literatur sowie über das Internet allgemein zugänglich. Das Zusammenbasteln einer Atombombe im Hobbykeller ist deshalb aber noch lange nicht möglich – Gott sei Dank! Die Funktionsweise des „Kanonenprinzips", mit dem ein Uran 235-Projektil in das restliche Uran 235 geschossen wird, um die „kritische Masse" zu erreichen, die eine Kettenreaktion und damit die Detonation der Bombe auslöst, ist an Hand der entsprechenden Grafiken gut verständlich erklärt. Es wird sogar der sogenannte „Tamper" dargestellt, der ein Entweichen der zur Kernspaltung notwendigen Neutronen verhindern bzw. verringern soll. Zusätzlich wird dadurch die Bombe nach dem Beginn der Kettenreaktion zusammengehalten, denn sonst flöge unmittelbar nach deren Beginn die Bombe auseinander und es wäre erst ein Bruchteil der vorhandenen Uran-Atome gespalten. Daher soll der Tamper zu einem möglichst vollständigen Umsatz des vorhandenen Kern-„Sprengstoffs" beitragen und damit den Wirkungsgrad erhöhen.

Damit sind das theoretische Funktionsprinzip und dessen praktische Umsetzung hinreichend beschrieben. Was jetzt noch fehlt, sind die Abmessungen und die notwendigen Massen.[18] Die verwendeten Rohre waren 1,08 Meter

18 *http://nuclearweaponarchive.org/ section 8 (diese Website wird laut Impressum von amerikanischen Wissenschaftlern betrieben), ferner http://nuclearweaponarchive.org/ Nwfaq/Nfaq8.html*

Aufbau der „Little Boy"-Atombombe (©2017 John Coster-Mullen)

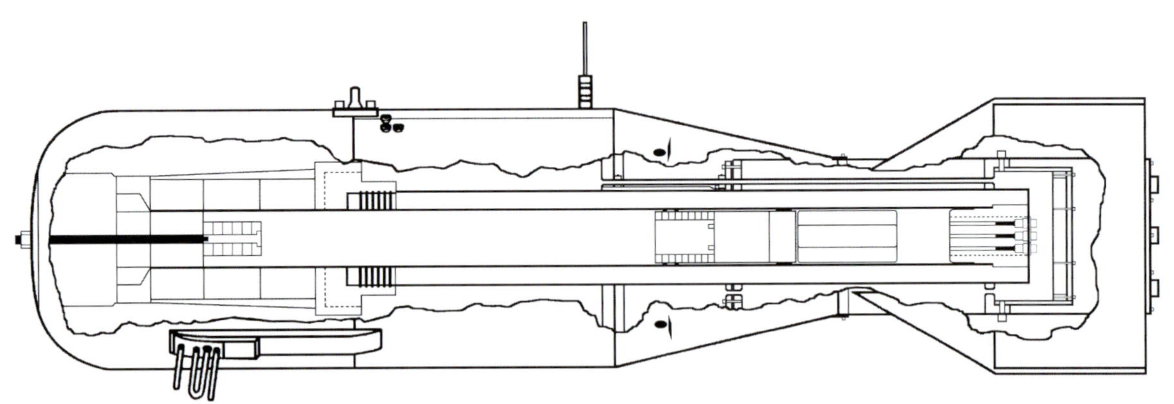

LITTLE BOY REPLICATION: JUSTIFICATION AND CONSTRUCTION

R. E. Malenfant
Los Alamos National Laboratory
Los Alamos, New Mexico 87544

ABSTRACT

A reconstruction of the Little Boy weapon allowed experiments to evaluate yield, leakage measurements for comparison with calculations, and phenomenological measurements to evaluate various in-situ dosimeters. The reconstructed weapon was operated at sustained delayed critical at the Los Alamos Critical Assembly Facility. The present experiments provide a wealth of information to benchmark calculations and demonstrate that the 1965 measurements on the Ichiban assembly (a spherical mockup of Little Boy) were in error.

Deckblatt über den Aufbau des „Little Boy“-Nachbaus.

lang, hatten einen Durchmesser von 165 Millimeter mit einer Wandstärke von 50,8 mm und wogen 450 Kilogramm - damit brachten sie gut 10 Prozent des Gesamtgewichtes der Bombe auf die Waage. Ausgelegt waren sie für einen Druck von 2.700 bar. Die Rohre wurden zwei oder dreimal mit Projektilen getestet, die 90 kg schwer waren und mit 300 Metern pro Sekunde (m/s) aufeinander geschossen wurden. Wesentlich schwerer war der Käfig aus hochlegiertem, geschmiedetem Stahl mit 2.300 kg Gewicht, welcher den Zielkörper, in dem sich ein Teil der kritischen Masse befand, enthielt. Das Gehäuse des Zielkörpers war 71 cm breit und 91 cm lang und war an einem Ende des Laufs (siehe Seite 32 unten) festgeschraubt. Er hatte den Impuls des Uranprojektils aufzunehmen, ohne zu zerreißen. Dieses wurde bei vier erfolgreichen Tests geprüft. Innerhalb des Zielkörpers befand sich ein Hohlraum, der den zylinderförmigen Wolframkarbid-Tamper enthielt. Dieser war jeweils 33 cm breit und lang und wog 310 kg. Wie beschrieben diente er als Neutronenreflektor und erhöhte die Effektivität der „kritischen Masse“ des Urans. Außerdem sollte er den Kern solange wie möglich zusammenhalten, um die Explosionsstärke zu steigern. Nach dem Zusammenbau befand sich der Urankern in einem 15,5 cm breiten zylindrischen Hohlraum, umgeben von einer 8,255 cm dicken Lage von Wolframkarbid. Der angereicherte Urankern wog insgesamt 64,15 kg und war aufgeteilt im Verhältnis von 40 zu 60 Prozent zwischen dem Uran als Ziel von 25,6 kg und dem Uran als Projektil von 38,53 kg. Es ist schon erstaunlich, wie genau die technischen Daten hier beschrieben werden, obwohl diese doch eine der schrecklichsten Waffen der Menschheit darstellen. Hier erhält der Bombenbastler eine Anleitung, wie er den Bau einer einfachen Kernwaffe anzugehen hat. Und es kommt noch besser.

Von R.E. Malenfant vom Los Alamos National Laboratory wurde in einem Bericht aus dem Jahr 1984 über Messungen berichtet, die an einem Nachbau von „Little Boy“ durchgeführt wurden (das konkrete Datum ist unbekannt). Dabei wurde ein zylinderförmiger Ziel-

Documentation and Diagrams of the Atomic Bomb

File courtesy of Outlaw Labs
Author: J.D. Dyson [*jdyson@nyx.net*]

DISCLAIMER

The information contained in this file is strictly for academic use alone. UC Berkeley will bear no responsibility for any use otherwise. It would be wise to note that the personnel who design and construct these devices are skilled physicists and are more knowledgeable in these matters than any layperson can ever hope to be... Should a layperson attempt to build a device such as this, chances are s/he would probably kill his/herself not by a nuclear detonation, but rather through radiation exposure. We here at UC Berkeley do not recommend using this file beyond the realm of casual or academic curiosity.

Table of Contents

körper verwendet. Es ging darum, verschiedene Messergebnisse mit bereits vorhandenen Berechnungen zu vergleichen. Interessant für uns ist jedoch folgender Hinweis in der Zusammenfassung dieses Berichts. Hier wird nämlich darauf hingewiesen, dass der für diese Überprüfungs-Messungen verwendete Nachbau der richtige war, und nicht die sogenannte „Ichiban-Montage" der „Little Boy"-Bombe aus dem Jahr 1962 mit einem kugelförmigen Aufbau des Uranzieles! Die damalige Messung wurde von Wissenschaftlern aus Los Alamos durchgeführt.

Nach dem Krieg wurden noch weitere Exemplare von „Little Boy" gebaut. Ihre Bombenkörper enthielten allerdings kein Uran. Dazu wurde ein Team gebildet, das aus den noch vorhandenen Komponenten und Plänen die Bomben rekonstruieren konnte, die dann ebenfalls zum Überprüfen verschiedener Komponenten dienten.[19] Grund für diese Maßnahme war unter anderem auch der Umstand, dass die Erzeugung von Plutonium für weitere Bomben auf Plutonium-Basis nicht möglich war: Es gab Schwierigkeiten im Reaktor in Hanford im US-Bundesstaat Washington, die durch den sogenannten „Wigner-Effekt" ausgelöst wurden. Dabei werden Kohlenstoffatome im Kristallgitter des Graphits, welches im Reaktor als Moderator (Regelstab im Reaktor; Neutronenbremse) dient, aus der kristallinen Gitterstruktur auf Zwischengitterplätze verschoben. Dadurch entstehen sogenannte „Kristallfehler", die Energie speichern. Diese Energie kann spontan und schlagartig entweichen und damit ein Sicherheitsrisiko für den Reaktor darstellen.

Unsere Interpretation des Textes auf Seite 33 führt zu dem Schluss, dass es zwei verschiedene Varianten des Nachbaus der Hiroshima-Bombe gab. Hier wird nämlich darauf hingewiesen, dass die Messungen von 1965 fehlerhaft waren, denn sie wurden, wie gesagt, an der kugelförmigen Variante von „Little Boy" durchgeführt. Diejenigen Messungen aber, die danach erfolgten, wurden an einer Variante vorgenommen, wie sie in unten auf Seite 32 dargestellt ist.

Da stellt sich schon die Frage: Wussten die amerikanischen Wissenschaftler nicht mehr, wie die Bombe aufgebaut war? Die erste Antwort darauf liefert ein älteres Dokument, welches bis vor einigen Jahren noch im Internet verfügbar war, jetzt jedoch dort nicht mehr zu finden ist. Dieses Dokument wurde von der Universität von Kalifornien in Berkeley ins Netz gestellt. Sein Titel lautet: „Documentation and Diagrams of the Atomic Bomb". Es beschreibt den Aufbau der Hiroshima- und Nagasaki-Bomben. Im Disclaimer[20] wird darauf verwiesen, dass die Informationen in diesem Dokument nur für wissenschaftliche Arbeiten gedacht sind. Es wird besonders auf die Gefahren des Nachbaus einer solchen Bombe hingewiesen.

Interessant wird es bei der Beschreibung und den Zeichnungen der „Little Boy". Sehen wir uns den Aufbau des Ziels (Teil der Bombenkonstruktion) aus Uran in diesem Dokument an:
[1] = Collision Point (deutsch: Punkt des Zusammentreffens der beiden Uranmassen)
[2] - Uranium Section(s) (deutsch: beide Uranmassen)

Bei näherer Betrachtung dieser Darstellung stellt man fest, dass der Zielkörper

Seite 34: Abbildung der ersten Seite des Dokuments der University of California (Berkeley; UC).

19 Siehe www.revolvy.com

20 Im Internet-Recht bezeichnet der Begriff „Disclaimer" den Haftungsausschluss (to disclaim: in Abrede stellen, bestreiten).

Kopie der Darstellung des aus Uran bestehenden Projektils und des kugelförmigen Zielkörpers in den Unterlagen aus Berkeley.

```
[Uranium Detonator]

[2]

[1]

[2]

[1] = Collision Point
[2] - Uranium Section(s)
```

keine Zylinder-, sondern eine Kugelform besaß. In einer weiteren Zeichnung sieht man den Einbau in der gesamten Atombombe. Diese Darstellung widerspricht den oben zitierten Dokumenten und wird auch in der bereits erwähnten und beschriebenen Quelle zum „Little Boy"-Nachbau als falsch bezeichnet. Eine Analyse zeigt, was sich dahinter verbirgt.

Alle neueren Dokumente zeigen den Aufbau mit dem zylinderförmigen Zielkörper; in einem Dokument von 1983 wird dieser als „der richtige" besonders betont. Nur ein einziges älteres Schriftstück zeigt einen kugelförmigen Zielkörper. Außerdem sind alle Maße für die „Zylinder-Ausführung" des Zielkörpers nach wie vor im Internet frei und problemlos zugänglich. Diese Offenheit macht nun aber stutzig.

Analysieren wir in einem nächsten Schritt, was der Beweggrund dafür sein könnte, alles das zu offenbaren, was die damalige Konstruktion von „Little Boy" ausmachte. Man zeigt sich nach außen offen und informationsbereit und damit fern jeglicher Kritik an möglicher Vertuschung oder Geheimhaltung. Damit nimmt man potenziellen Kritikern den Wind aus den Segeln mit dem Argument, es stehe doch alles im Internet und in diversen „analogen" Publikationen. Das stimmt aber nur, solange man die älteren Fassungen nicht kennt, auf die man zurückgreifen könnte. Diese aber sind uns bekannt und liegen uns vor - und begründen unsere Zweifel an der offiziellen Form der Wahrheit.

Beleuchten wir noch einmal dazu als Erstes den technisch-physikalischen Vorgang, der einsetzt, wenn die zur Detonation einer A-Bombe führende Kernspaltung beginnt. Dazu müssen wir uns das Prinzip und den Verlauf der Kettenreaktion nach Erreichen der „kritischen Masse" etwas näher ansehen: Trifft das Uranprojektil auf den Zielkörper aus Uran, so wird, wie weiter oben bereits angerissen, die „kritische Masse" erreicht und die Kettenreaktion ausgelöst. Dabei werden bei jedem Spaltvorgang des Urankerns durch ein Neutron mehrere neue Neutronen erzeugt, die wiederum andere Urankerne spalten und so fort - die sogenannte Kettenreaktion (bzw. „Lawine"). Um den Urankern liegt ein Tamper (siehe Seite 32). Daher ist es ein Anliegen der Bombenbauer, die Atombombe so zu optimieren, dass die Anzahl der gespaltenen zu den vorhandenen Atomkernen immer weiter erhöht wird. Dies steigert den Wirkungsgrad und damit die Sprengkraft der A-Bombe. Die Form des Zielkörpers hat zusätzlich entscheidenden Einfluss auf deren Sprengkraft. Seine Form ist daher ein Schlüssel des Atombomben-Designs.

Wie eben beschrieben, soll der Tamper zum einen die Neutronen reflektieren und zum anderen die Zeit bis zur vollen Kraftentfaltung herauszögern. Diese beiden Eigenschaften sind mit einer Kugelform besser zu erreichen als mit einer Zylinderform. Durch die Kugelform wird der erzeugte Druck der Kernexplosion auf die Innenfläche verteilt (man denke nur an einen Luftballon). Das Ergebnis: Es dauert länger, bis der Zielkörper platzt. Dies wiederum führt zu einer längeren Reflektionszeit für die Neutronen. Alles in allem resultiert dies in einer Erhöhung des Wirkungsgrades. Im Umkehrschluss detoniert eine Atombombe mit einem zylinderförmigen Zielkörper wesentlich schneller, wodurch die Detonationsstärke einer solchen Bombe wesentlich geringer ist. Bei einer nach diesem Prinzip gebauten Kernwaffe entsteht daher keine besonders starke Atomexplosion.

Weitere Argumente für die Kugelform können einem Film auf YouTube entnommen werden. Der Titel lautet: „HOW IT WORKS: The Atomic Bomb".[21] Dieser schon etwas ältere amerikanische Video-Clip zeigt die Vorzüge der Kugelform für den Lawineneffekt (Kettenreaktion). Er verdeutlicht, wie wichtig für die Maximierung der Anzahl der Kernspaltungen die Kugelform ist. Als weiteres wird auf die im Vergleich zu anderen Körperformen minimale Oberfläche einer Kugel hingewiesen. Dadurch wird das Entweichen von Neutronen durch die Oberfläche verringert, was wiederum den/die Lawineneffekt/Kettenreaktion vergrößert.

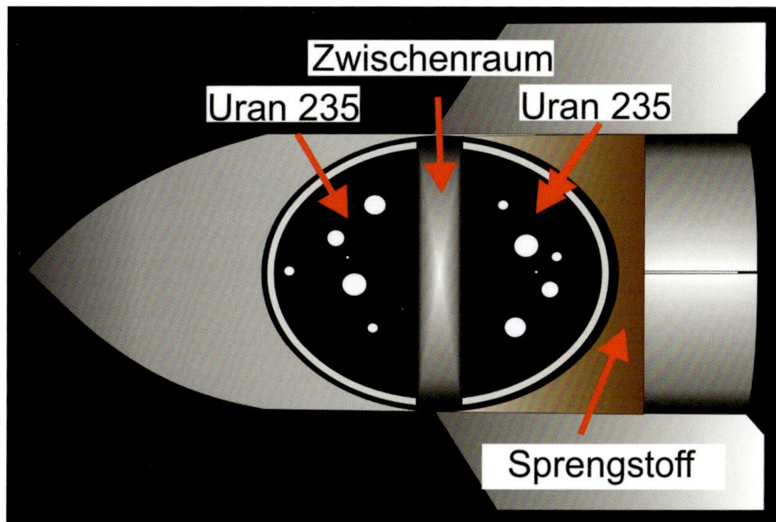

Zeichnung Christel Focken. Der Aufbau und die beiden kritischen Massen, wie sie im Film illustriert werden.

Fazit: Eine der wichtigsten Konstruktionsmerkmale einer auf der Kernspaltung basierenden Atombombe ist die Geometrie des Urankörpers, der zur Explosion gebracht wird.
Da aber in allen frei zugänglichen Quellen einschließlich des Internets bis heute die Zylinder- und nicht die eigentlich viel besser geeignete Kugelform mit sämtlichen Abmessungen und Massen dargestellt wird, wird der - falsche - Eindruck vermittelt, dass die Zylinderform die zur Anwendung gekommene Bauart gewesen sei! Erst der Vergleich mit älteren Dokumenten zeigt, dass es sich hier um bewusste Desinformation handeln muss, welche von der tatsächlich angewandten Form, nämlich der Kugelform, ablenken soll. Der YouTube-Clip wurde zu einer Zeit produziert, als die Geheimhaltung, wie sie heute üblich ist, noch keine relevante Rolle spielte. Damit widerlegt sich die angestrebte Vertuschung selbst.

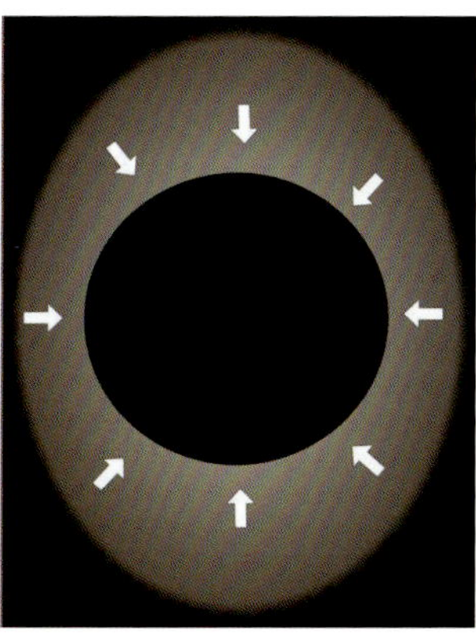

Die Kugelform, wie sie auch in dem Film „HOW IT WORKS - The Atomic Bomb" illustriert wird.

21 *https://www.youtube.com/watch?-v=-NcOwCrkkOO*

10. Hatten die Amerikaner überhaupt genug Uran 235 für die Hiroshima-Bombe?

Leslie Richard Grove (1896–1970), militärischer Leiter der Entwicklung der Atombombe im Manhattan-Projekt.

Laut Mitteilung des Chef-Metallurgen des „Manhattan-Projekts" vom 28. Dezember 1944 werden am 7. Februar 1945 zehn Kilogramm und am 1. Mai 1945 15 Kilogramm Uran 235 vorhanden sein.[22]

Leslie Richard Grove, der für die Entwicklung der Atombombe zuständige militärische Leiter im „Manhattan-Projekt", teilte im Februar 1945 Robert Oppenheimer, dem wissenschaftlichen Leiter, mit, dass dieser ihm von nun an noch sechs Monate Zeit geben würde, um für die Uranbombe genügend spaltbares Material zu produzieren. Doch Oppenheimer konnte nicht einmal Mitte Mai 1945 diesbezüglich etwas Genaueres sagen und meinte, dass man frühestens im November soweit sei.

Schätzungen zu den Produktionskapazitäten der Amerikaner:

Wir wissen bereits, dass mindestens 50 Kilogramm reines Uran 235 für eine einfache Uranbombe notwendig sind. Verwendet wurden für die erste Uran-Bombe am 6. August 1945 auf Hiroshima 64 Kilogramm Uran 235 mit einem Anreicherungsgrad von 80 Prozent. Der Vorrat an spaltbarem Material Uran U 235 belief sich am 7. Februar 1945 laut Meldung des Chefmetallurgen auf zehn Kilogramm, am 1. Mai auf 15 Kilogramm. Daraus folgt also eine Produktion von fünf Kilogramm U 235 innerhalb von drei Monaten. Groves gab sechs Monate Zeit, um die notwendigen 64 Kilo zu erreichen. Oppenheimer sah den November 1945 als ein realistisch erreichbares Ziel: Februar plus sechs Monate ergeben Ende August bzw. Anfang September 1945. Erst dann wäre die notwendige Menge verfügbar. Da bis Anfang Februar zehn Kilogramm Uran 235 produziert waren, hätten also, so die Folge von Groves Befehl, die restlichen 54 Kilo in den nächsten sechs Monaten hergestellt werden müssen. Daraus folgt wiederum, dass in dem kommenden guten halben Jahr in jedem Monat 7,7 Kilogramm Uran 235 hätten produziert werden müssen (der Februar wurde mitgerechnet). Erst mit einer solchen Produktionskapazität hätten die 54 Kilo Uran 235 zur Verfügung gestanden. Oppenheimer aber nennt den November 1945 als Termin: Februar plus acht Monate ergeben den von ihm avisierten Novembertermin. Anders ausgedrückt: In den neun Monaten bis zum November hätten pro Monat sechs Kilogramm U 235 hergestellt werden müssen, um jene 54 Kilogramm zu erreichen – also 1,7 Kilo weniger pro Monat, und dies in einem längeren Zeitraum (auch hier ist der Februar mit eingerechnet)! Insgesamt ist Oppenheimers Einschätzung der

22 Nach Mayer/Mehner, Das Geheimnis der deutschen Atombombe, S. 131.

damaligen Produktionskapazität - weniger Kilogramm/Monat in einem längeren Zeitraum - wesentlich näher an der Realität als diejenige Groves. Abgesehen davon war man natürlich bemüht, diese Kapazität laufend zu vergrößern und zu verbessern.

Da am 6. August 1945 die Hiroshima-Uranbombe mit 64 Kilogramm U 235 gezündet wurde, muss diese Menge bereits Anfang Juli vorhanden gewesen sein. Laut der oben berechneten Produktionskapazität von sechs Kilo U 235 pro Monat können aber nur 40 Kilogramm produziert worden sein.

Schlussfolgerung:

Eine Atombombe wie „Little Boy“ konnte bis zum Abwurftermin unmöglich allein durch amerikanisches angereichertes Uran konstruiert werden!

Zum Vergleich und damit zum Beleg für unsere These wurden die Daten der Produktion von angereichertem Uran 235 durch Angaben, die im Netz verfügbar sind, ausgewertet:[23]

Uranproduktion

ab November 1944: 40 g hochangereichertes Uran 235 pro Tag.
ab Dezember 1944: 90 g hochangereichertes Uran 235 pro Tag.
ab Januar 1945: 204 g hochangereichertes Uran 235 pro Tag.

Nehmen wir einmal an, dass diese Produktionsmengen an allen Tagen der Monate auf dem angegebenen Niveau gehalten werden konnten, so ergeben sich folgende Werte:

November 1944:
30 Tage X 40 g = 1,2 kg
Dezember 1944:
31 Tage X 90 g = 2,8 kg
Januar 1945:
31 Tage X 204 g = 6,3 kg
Das ergibt bis Ende Januar 1945 einen Vorrat von 10,3 Kilogramm. Dies stimmt mit den Angaben des Chef-Metallurgen des „Manhattan-Projekts“ überein, der von zehn Kilogramm für den Stichtag 7. Februar 1945 ausging. Für Anfang Mai 1945 gab er 15 Kilo angereichertes Uran an. Berechnet man dagegen die Produktion - und zwar wiederum bei ununterbrochener und ungestörter Vollauslastung der Kapazitäten - auf der Basis von 204 Gramm pro Tag, so kommt man zu folgendem Ergebnis:

Anfang Februar bis Ende April 1945 ergeben 89 Tage. Diese multipliziert mit 204 Gramm/Tag ergeben 18,1 Kilogramm Uran 235. Die Summe des produzierten Urans von Ende Januar 1945 in Höhe von 10,3 Kilo plus die Produktion bis Ende April von 18,1 Kilo ergeben eine Summe von 28,4 Kilogramm, die Anfang Mai 1945 zur Verfügung standen. Damit liegt die berechnete Produktion wesentlich höher als die Prognose des Chef-Metallurgen mit 15 Kilo. Entweder war diesem die tatsächliche Produktionskapazität noch nicht bewusst oder dieser hatte eventuelle Produktionsstillstände berücksichtigt.

Laut www.nuclearweaponarchive.org sollte bis Anfang Juli das benötigte angereicherte Uran zur Verfügung stehen. Von Anfang Mai bis Anfang Juli 1945 wurden 12,4 kg U 235 produziert: 61 Tage mal 204 Gramm/Tag machen unter dem Strich jene 12,4 kg. Insgesamt gerechnet, also von Januar bis Juli 1945, standen somit 40,8 kg Uran zur Verfügung. Damit liegt die produzierte Menge aber weit unter der angegebenen Menge an Uran 235 für

23 *www.nuclearweaponarchive.org*

Kopie Smyth-Report 09.1945

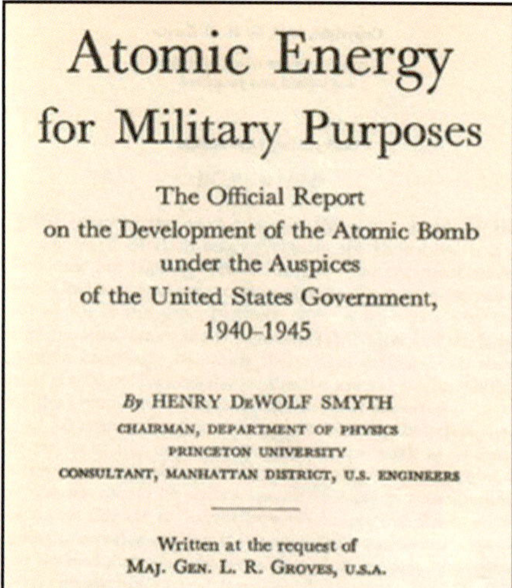

Atomic Energy for Military Purposes

The Official Report on the Development of the Atomic Bomb under the Auspices of the United States Government, 1940-1945

By HENRY DeWOLF SMYTH
CHAIRMAN, DEPARTMENT OF PHYSICS
PRINCETON UNIVERSITY
CONSULTANT, MANHATTAN DISTRICT, U.S. ENGINEERS

Written at the request of
MAJ. GEN. L. R. GROVES, U.S.A.

die Hiroshima-Bombe von 64 kg!
Es fehlen mithin 23,2 kg U 235 bis zur nötigen angegebenen Menge von 64 kg!
Berechnen wir zusätzlich noch die Produktionsmenge bis Oktober 1945, und zwar unter Berücksichtigung der Aussage Oppenheimers, nach der erst Anfang November die Menge von 64 Kilogramm vorhanden sein soll:

Von Juli bis Oktober 1945 sind es 123 Tage. Diese multipliziert mit den 204 Gramm/Tag ergeben 25,1 kg (bei Vollauslastung und 100 Prozent-Verfügbarkeit der Technik). Die bis Juli vorhandenen 40,8 kg plus jene soeben errechneten 25,1 kg führen zu 65,9 kg. Dies entspricht ungefähr der Menge, die dann für die Bombe verwendet wurde (64 kg). Diese Menge aber wäre erst Ende Oktober/Anfang November erreicht worden! Damit wird Oppenheimer von den gleichen Produktionsquoten ausgegangen sein, die wir hier verwendet haben. Er kam damit auf den Zeitpunkt Ende Oktober/Anfang November zum Erreichen der notwendigen Menge U 235.

Zusammengefasst zeigen beide Betrachtungen, dass die Anfang Juli 1945 angeblich verbaute Menge von 64 Kilogramm Uran 235 (mit 80 prozentiger Anreicherung) allein durch die Produktion im „Manhattan-Projekt" nach den vorhandenen Unterlagen nicht bereitgestellt werden konnte. Des Weiteren wurde bei dieser Überlegung von einer hundertprozentigen Verfügbarkeit der Produktionsmittel und -technik über den gesamten Zeitraum ausgegangen. Zu bedenken ist hier aber, dass es sich um eine damals vollkommen neue, bislang unbekannte, unerforschte und unerprobte Technologie handelte. „Kinderkrankheiten" sind in einem solchen Fall unvermeidlich! Es ist also höchst unwahrscheinlich, dass alle Geräte immer und ohne jegliche Ausfälle arbeiteten. Und noch eines: Für die Versuche musste immer wieder angereichtes Uran aus der laufenden Produktion abgezweigt werden. Die für die eigentliche Kernwaffe zu produzierende Menge an U 235 musste demnach noch zusätzlich hergestellt werden.
Daher kann aus den obigen Gedankenspielen gefolgert werden: Entweder sind die verfügbaren Produktionszahlen falsch oder es wurde erbeutetes angereichertes Uran aus Deutschland verwendet - oder gleich eine deutsche Atombombe!

Ein Teil des Rätsels kann möglicherweise gelöst werden, wenn man sich mit der Geschichte des Unterseeboots „U 234" der deutschen Kriegsmarine beschäftigt. U 234 verließ am 15. April 1945 den Hafen Kristiansand-Süd in Norwegen, um nach Japan zu fahren. Als Fracht waren militärische Güter sowie mehrere nicht zur Stammbesatzung gehörende Personen, darunter auch zwei japanische Offiziere, an Bord. Als die Nachricht von der bedingungslosen Kapitulation der deutschen Wehrmacht einging[24], änderte der

24 *Die Wehrmacht als Institution bzw. als*

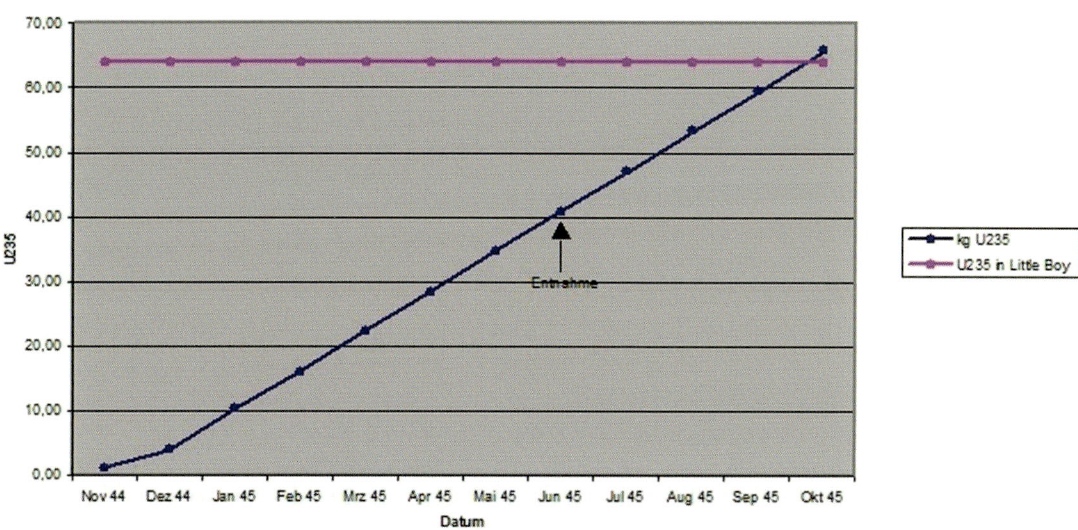

Verlauf der Uran 235-Produktion. Der Pfeil zeigt den Entnahmezeitpunkt des Uran 235 für die Atombombe „Little Boy". Die rote Linie zeigt das laut Unterlagen für „Little Boy" benötigte Uran 235.

Kommandant, Kapitänleutnant Fehler, seine Route, um den nächsten amerikanischen Hafen anzusteuern. Die beiden Japaner begingen daraufhin den japanischen rituellen Selbstmord und wurden auf See bestattet. In amerikanischen Gewässern wurde das Unterseeboot durch Schiffe der US-Navy aufgebracht und in den (amerikanischen) Hafen Portsmouth geleitet. Soweit die kurze Schilderung des Verlaufs der Fahrt von U 234. Für unsere Recherchen ist jedoch die Fracht interessant, die sich an Bord befand.

Neben Plänen für einen Produktionsstandort zur Herstellung von 500 Düsenjägern des Typs Me-262 pro Monat[25], dazu Konstruktionsunterlagen für weitere hochmoderne Flugzeuge, ferner elektronische Ausrüstung und 24,1 Tonnen Quecksilber transportierte U 234 auch sogenanntes „Uranoxyd". Wolfgang Hirschfeld beschreibt in seinem Buch „Feindfahrten" seinen Einsatz auf U 234. Dort schildert er auf Seite 354, wie die zwei Japaner Päckchen mit dem Schriftzug „U 235" versahen. Auf eine Nachfrage, was das bedeute, antworteten sie, dass diese Päckchen eigentlich für „U 235" gedacht waren, welches jetzt jedoch nicht mehr nach Japan fahre. Diese Aussage ist jedoch leicht zu widerlegen. Bei der Bezeichnung U 235 handelte es sich nämlich um ein Boot vom Typ VII C. Solche schon älteren Boote aber wurden zu diesem Zeitpunkt nicht mehr für Transporte nach Japan eingesetzt. Der Amerikaner Carter P. Hydrick hat sich in seiner Monografie „Critical Mass. The Real Story of the Birth of the Atomic Bomb and the Nuclear Age" mit der Uranfracht von U 234 auseinandergesetzt. Dabei kam ihm zugute, dass er sich auf die freigegebenen Akten des „Manhattan-Projektes" beziehen konnte. Er wertete diese aus und kam zu folgendem Ergebnis: In einer Meldung am 30. Mai 1945 wurde von einer Gruppe von Offizieren, darunter auch eines gewissen Majors John E. Vance, an ihren

Verfassungsorgan wurde erst im August 1946 auf Anweisung des Alliierten Kontrollrates aufgelöst.

25 Die Japaner bauten gegen Kriegsende tatsächlich einen Prototyp für einen der deutschen Me-262 äußerst ähnlichen, zweistrahligen Düsenjäger, die Nakajima „Kikka" („Orangenblüte").

Kommandanten mitgeteilt, dass sie ein Konvolut mit aufgebrachtem, also erbeutetem Material erhalten hätten. Darunter befanden sich 80 Behälter mit Uranpulver („U-powder"). Vance würde sich jetzt darum kümmern.

Am 23. Mai 1945 war die Ladeliste von U 234 übersetzt. Auf der zweiten Seite waren unter anderem zehn Kisten mit insgesamt 560 Kilogramm Uranoxyd verzeichnet, die an das kaiserlich japanische Heer adressiert waren. Leutnant Karl Pfaff, der Zweite Wachoffizier des Bootes (und derjenige, der die Fracht des Bootes genau kannte), wurde in Washington gefangen gehalten und verhört. Dabei sagte Pfaff folgendes aus: Das Uranoxyd befände sich in Goldzylindern und könne wie normales TNT (chemischer Sprengstoff) behandelt werden, solange man die Zylinder verschlossen hielte. Diese Behälter sollten aber nicht geöffnet werden, da der Inhalt sehr empfindlich und gefährlich sei.[26] Um den Sinn der Goldverkleidung zu verstehen, erkundigte sich Hydrick in einem Telefongespräch beim früheren Direktor des Urananreicherungsprozesses in Oak Ridge/Tennessee namens Larsen. Dieser antwortete, dass in Oak Ridge Goldeinsätze verwendet wurden, wenn mit angereichertem Uran gearbeitet wurde. Der Grund war der Schutz vor Korrosion und Verunreinigung. Dafür wurde das Gold verwendet. Die Kosten für das Gold könne man gegenüber den Kosten für das angereichte Uran vernachlässigen. Der Autor fragte auch, ob man nicht rohes Uran eher als angereichertes Uran in Goldbehältern gelagert hätte. Larsens Antwort war eindeutig. Er sagte, dass dem nicht so wäre. Der Wert für normales Uran war zur damaligen Zeit belanglos verglichen mit den Kosten für Gold. In den USA und in Deutschland wurde natürliches Uran in Stahltrommeln gelagert, da das rohe Uran relativ sicher war.

Man kann nach diesen Ausführungen davon ausgehen, dass es sich bei dem angeblichen Uranoxyd um angereichertes U 235 handelte. Doch was passierte dann mit der Fracht des Unterseebootes U 234, als es aufgebracht war? In einer weiteren Nachricht vom 30. Mai 1945, die unter anderem ebenfalls von dem besagten Major John E. Vance stammte, wird mitgeteilt, dass die Sendung als Schiffsfracht zum Artillerie-Untersuchungslabor NAVPOWFAC in Indian Head (Maryland) geschickt werden solle, falls das möglich sei. Vance gehörte dem Corps of Engineers[27] an, das auch das „Manhattan-Projekt" betrieb. In der Abschrift eines Telefonates aus dessen Archiv taucht der Name Vance immer wieder auf. Diese Mitschrift bezieht sich auf die Konversation zwischen zwei Geheimdienstoffizieren in Alamogordo, Smith und Traynor, und wurde zwei Wochen nach der Versetzung von Major Vance zur Gruppe, die für die Entladung der Fracht von U 234 zuständig war, gemacht. In ihr wies Smith darauf hin, dass die angekommene Ladung von Vance übernommen wird, anschließend vom Schiff geholt und in ein Lagerhaus in der 73rd Street gebracht wird. Smith führte weiter aus, dass sich auch 80 Behälter mit Uranpulver unter seiner Obhut befänden, die ebenfalls noch von Major Vance übernommen werden sollten. Vance würde dann auch bei den Tests (gemeint ist der Test des angereicherten Urans) dabei sein und aufpassen. Die anderen Güter werden von Smith als Trommeln und Fässer angegeben. Die

26 Als Quelle gibt Hydrick für diese Aussage an: US Archives NARA II, secret dispatch #262151, 27 May, 1945.

27 Wörtlich übersetzt: Pionierkorps, also Truppengattung „Pioniere".

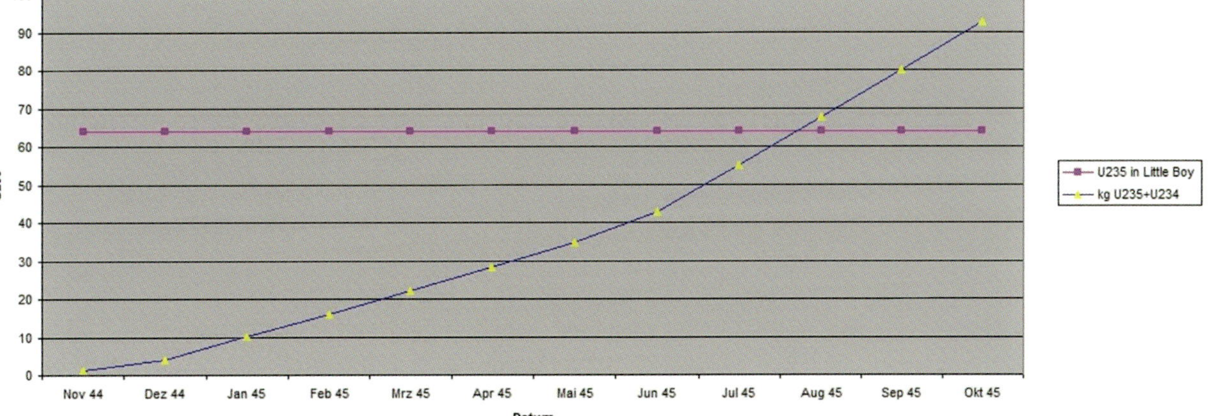

Verlauf der Produktion mit dem zusätzlichen Uran 235 aus der Lieferung durch das U-Boot U 234.

Trommeln sind mit einer Flüssigkeit gefüllt - laut Ladeliste „benzyl-cellulose". Smith fragte bei seinem Kameraden Traynor daraufhin an, ob dieser für einen Teil der Flüssigkeit, bei der es sich seiner Ansicht nach wohl um Wasser handelte, eine Bestimmung der Konzentration durchführen könne. Smith gibt einen Bereich von 10 bis 85 Prozent an. Die Analyse dieser Quellenangabe führt zu dem Schluss, dass es sich hier allem Anschein nach wohl um „schweres Wasser" gehandelt hat. Die Verwendungsmöglichkeiten dieser Substanz werden von Hydrick beschrieben als biologisches Schutzschild vor radioaktiver Strahlung, als Kühlmittel oder auch als Moderator in einem Flüssigreaktor.[28]

Die Unterlagen über die Urananreicherung in Oak Ridge mit dem magnetischen Isotopentrenner zeigen, dass sich eine Woche nach dem oben geführten Gespräch zwischen Smith und Traynor vom 14. Juni 1945 der Ausstoß an angereichertem Uran in Oak Ridge verdoppelte - nach sechs Monaten eines Ausstoßes auf demselben Niveau.[29] Von Edward Hammel, einem Metallurgen im „Manhattan-Projekt", wurden diese Aufzeichnungen bestätigt. Hammel erzählte Hydrick, dass nur sehr wenig angereichertes Uran im Labor bis zwei oder drei Wochen, jedenfalls weniger als einen Monat, vor dem Abwurf der Bombe ankam. Aufgrund dieser Angaben wurde ein neuer Verlauf der Produktion berechnet, der im obigen Bild dargestellt ist.

Fazit: Mit dem U 235 aus dem Unterseeboot U-234 sind bis Ende Juni 42,9 Kilogramm und bis Ende Juli insgesamt 55,1 Kilo angereichertes Uran produziert worden. Damit wären aber selbst mit diesem zusätzlichen Uran die in der Hiroshima-Bombe verwendeten 64 Kilogramm U 235 nicht erreicht worden! Erst Ende August wäre die notwendige Menge laut dieser Berechnung zur Verfügung gestanden!

28 Interscience Publishers, Concise Encyclopedia of Nuclear Energy, page 688

29 US Archives NARA Southeast Region, East Point, GA, Beta Oxide Transfer Report

11. Vom Uran zum Blei

Marie Curie (1867-1934)

Ernest Rutherford (1871-1937)

Frederick Soddy (1877-1956)

Im Folgenden wollen wir dem Leser die Zerfallsreihe von Uran erklären und dabei hervorheben, wo der für den Atombombenbau wichtige Ansatz innerhalb der vielen Zerfallsstoffe des Urans liegt.

In Joachimsthal in der heutigen Tschechischen Republik wurde Uran 238, das als Abfall bei der Silbergewinnung anfiel, als sogenannte „Pechblende" entsorgt. Die Physikerin und Nobelpreisträgerin Marie Curie entdeckte in diesem Stoff die radioaktiven Elemente Radium und Polonium.[30] Ihr wurde die Pechblende aus Joachimsthal kostenlos für Ihre Forschungen zur Verfügung gestellt. 1933 entwickelt der Physiker Leó Szilárd nach der Lektüre des Romans von H.G. Wells „The World Set Free" („Befreite Welt"; erschienen 1914) den Gedanken einer Kettenreaktion. In diesem Buch wird erstmalig die Bezeichnung „Atombombe" verwendet. Nach einer Gartenparty bei Marie Curie, bei der das selbstleuchtende Radium von ihrem Mann Pierre Curie als besonderer „Gag" den Partygästen vorgestellt wurde, nahmen Ernest Rutherford und Frederick Soddy diese Präsentation zum Anlass für ihre Forschungen über den Zusammenhang zwischen Uran und Radium. 1933 verband Leó Szilárd seine Gedanken um die in besagtem Buch beschriebene Atombombe mit dem Gedanken einer Kettenreaktion von Atomen. Er entwickelte als erster den Gedanken, dass Deutschland als Erstes in der Lage wäre, eine solche Kernwaffe, wie sie von H.G. Wells beschrieben wurde, zu entwickeln.

Der deutsche Einmarsch in das nach dem Ersten Weltkrieg der Tschechoslowakei zugesprochene Sudetenland mit dessen anschließender Eingliederung in das „Dritte Reich"[31] brachte die Uranvorkommen in Joachimsthal in deutsche Hände. Die vorher bestehende Abhängigkeit hinsichtlich der Uran-Lieferungen von ausländischen Quellen konnte damit verringert werden.

In Berlin arbeitete unterdessen Otto Hahn - er war ein Schüler Ernest Rutherfords - im Bereich der kernphysikalischen Grundlagenforschung. Ernest Rutherford und Frederick Soddy entdeckten zur selben Zeit, dass Uran seine natürliche Struktur selbstständig verändert. Dieses Wissen nutzte Hahn, ging mit seinen Experimenten einen Schritt weiter und brachte Uranatome durch Beschuss mit Neutronen zur Spaltung. Hier kommen zwei Punkte der Geschichte zusammen: Zum einen entdeckte Otto Hahn damals das Prinzip der Kernspaltung, und zum zweiten erlangten die Deutschen durch die Eingliederung des Sudetenlands den Zugriff auf die einzigen Uranvorkommen in Europa.

Leó Szilárd erhielt eines Tages aus Deutschland für ihn erschreckende Nachrichten: Die Deutschen hätten nun die realistische Möglichkeit, eine Atombombe zu bauen! Er wandte sich wegen seiner fehlenden Popularität an den schon damals berühmten Albert Einstein und informierte ihn über diese Neuigkeiten. Einstein wiederum unterrichtete umgehend das Weiße Haus in Washington D.C. Auch die USA waren jetzt alarmiert.

30 Marie Curie verstarb denn auch an den Folgen einer durch die radioaktive Strahlung verursachten Krebserkrankung!

31 Im Herbst 1938 nach dem „Münchner Abkommen"

Rutherford und Soddy entdeckten bei ihren Forschungen mit Uran etwas, was den Alchimisten im Mittelalter und der Frühen Neuzeit verwehrt geblieben war: die Verwandlung eines Elementes in ein anderes, die sogenannte „Transmutation". Jahrhunderte lang hatte man versucht, aus unedlen Metallen Gold zu erschaffen. Eines der wenigen positiven Ergebnisse dieser ansonsten vergeblichen Versuche ist übrigens das Porzellan, das „weiße Gold".

Uran 235 ist dasjenige Element, das in der auf der Kernspaltung basierenden Atombombe als natürlicher Sprengstoff verwendet werden kann (die andere Form einer Kernwaffe ist die thermonukleare Bombe, die Kernfusionsbombe). Bei ungefähr 51,2 Kilogramm Uran 235 ist die „kritische Masse" erreicht. Ab diesem Quantum beginnt die Kettenreaktion, und zwar selbstständig und ohne äußeren Katalysator. Der Anteil an natürlichem Uran 235 in Uranerz beträgt aber nur 0,7 Prozent! Uranerz, das im Bergbau gewonnen wird, besteht hauptsächlich aus Uran 238. Die Ziffer hinter der Bezeichnung des Elements gibt die Anzahl der Protonen und Neutronen in seinem Kern an. Uran 238 besitzt zum Beispiel 92 Protonen und 146 Neutronen, das ergibt in der Summe die Zahl 238 hinter der Elementbezeichnung.

Einstein (1879-1955) und Leó Szilard (1898-1964)

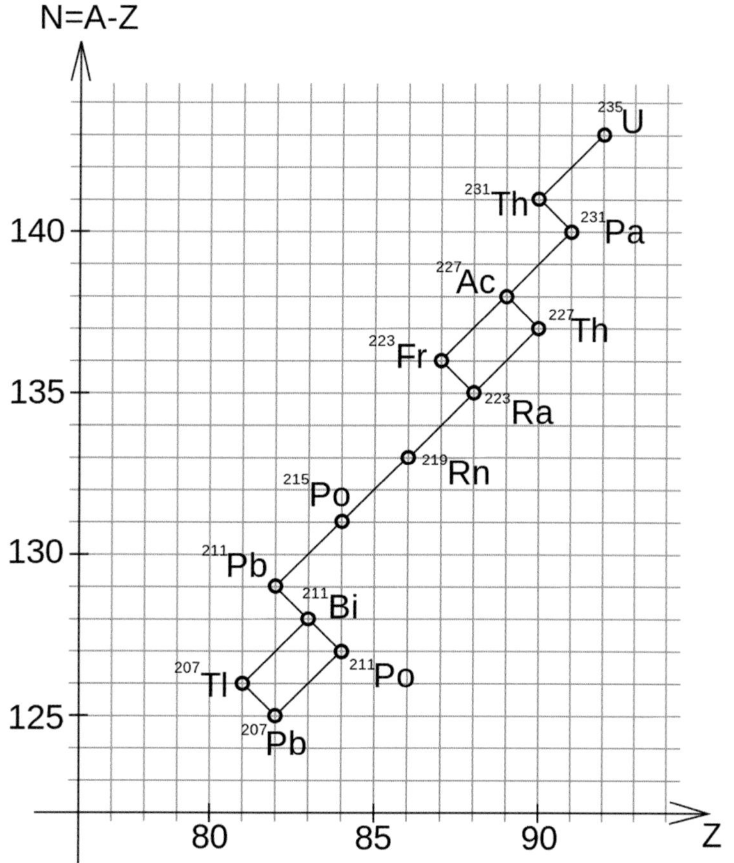

Uran Actinium-Zerfallsreihe

12. Radioaktivität und der Beginn des Manhattan-Projekts

Weitere Forschungen zeigten, dass es verschiedene Zerfallsreihen gibt, wobei es bei dem sich dann bildenden Atomkern davon abhängt, ob es sich um einen sogenannten Alpha-Zerfall oder um einen Beta-Zerfall handelt. Bei einem Alpha-Zerfall wird ein Alpha-Teilchen von dem Atomkern ausgestoßen. Ein Alpha-Teilchen ist ein Atomkern, der aus zwei Protonen und zwei Neutronen besteht.

Jeder, dem das Periodensystem vertraut ist, wird sofort erkennen, dass es sich in diesem Fall um ein Helium-Atom (He) handelt: Helium hat die Kernladungszahl zwei und die Masse vier. Die Masse eines Atoms ist die Summe aus den Protonen und Neutronen. Es bleibt noch ein Restatom übrig, von dem die entwichene Masse und die Ladung abgezogen werden muss. Betrachten wir nun die sogenannte Uran-Reihe, welche mit dem Uran 235 beginnt (siehe vorhergehendes Kapitel).
Der Urankern hat eine Masse von 235 und eine Kernladung (also Anzahl der Protonen) von 92, nach Abgabe des Alpha-Teilchens entsteht ein Thorium-Atom mit der Masse 231 und der Kernladungszahl 90. Wie unterscheidet sich das nächste Element in der Uranreihe, das Protaktinium, von Thorium? Weiter oben haben wir bereits gesehen, dass Thorium die Kernladungszahl 90 hat, dagegen hat Protaktinium die Kernladungszahl 91 - das verwirrt zunächst, führt uns aber zu der zweiten Möglichkeit des Kernzerfalls, dem Beta-Zerfall. Bei der Betastrahlung handelt es sich um freie Elektronen. Aber, so werden jetzt manche Physiker einwenden, Elektronen gibt es doch nur in der Atomhülle und nicht im Atomkern.

Stößt der Atomkern ein Elektron aus, so erhöht sich die Kernladungszahl um die Ziffer eins, während die Masse des Atomkerns praktisch gleichbleibt, da das Elektron eine verschwindend geringe Masse verglichen mit den Protonen und Neutronen hat. Es wandelt sich dabei ein Neutron in ein Proton um. Wir erhalten also nach Abgabe eines Elektrons aus dem Thorium-Atom mit einer Masse von 231 und einer Kernladungszahl von 90 ein neues Element mit der gleichen Masse, nämlich 231, und der Kernladungszahl von jetzt 91. Diese Verwandlungen der Atomkerne aufgrund der Radioaktivität wurde untersucht. Dabei ergaben sich die verschiedensten Zerfallsreihen, wie als Beispiel die Zerfallsreihe für Uran 235 zeigt. Diese Reihe endet mit dem Element Blei, welches nicht mehr radioaktiv ist und damit nicht weiter zerfällt.

Uran 235
Thorium 231
Protaktinium 231
Radium 227
Actinium 227
Francium 223
Astat 219
Wismut 215
Polonium 215
BLEI

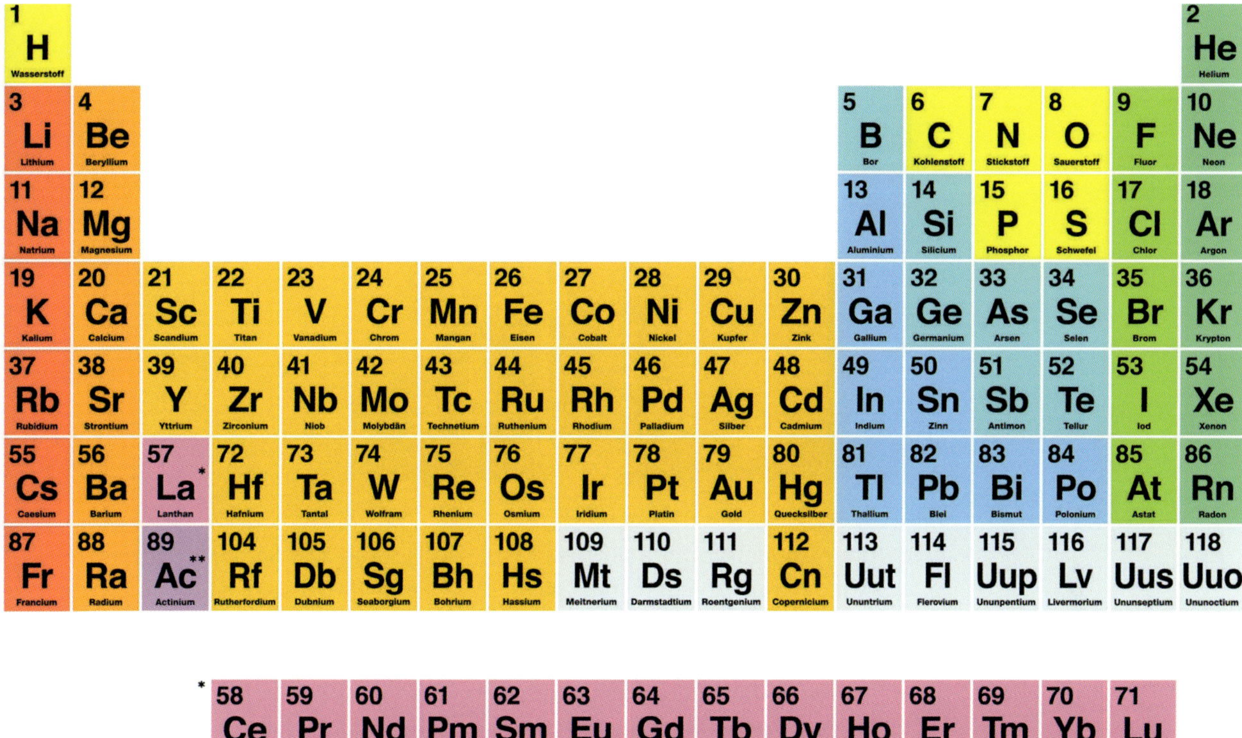

Periodensystem

Kehren wir nochmals zum Periodensystem der Elemente zurück. Im Bild für die Zerfallsreihe des Urans werden die Massen der entstehenden Kerne mit vollen Zahlen angegeben. Im Periodensystem steht jedoch eine Massenzahl für die verschiedenen Elemente, die einige Stellen hinter dem Komma hat.

Zur Erklärung:
Bei Uran findet man z.B. als Masse 238,08 und nicht 238 oder 235. Der Grund hierfür ist der Umstand, dass die einzelnen Elemente, so wie man diese in der Natur findet, zum großen Teil aus verschiedenen Isotopen bestehen. Isotope wiederum sind Atome, die die gleiche Anzahl an Protonen wie an Elektronen besitzen. Sie unterscheiden sich durch die Anzahl der Neutronen, sie haben also ein unterschiedliches Atomgewicht.

Beispiel: Ein Uranatom besitzt 92 Protonen und Elektronen. Diese Anzahl ist bei allen Isotopen des Urans gleich. Jedoch besitzt Uran 238 146 Neutronen (238 minus 92 = 146), Uran 235 hingegen 143 Neutronen (235 minus 92 = 143). Noch einmal zur Erinnerung: Uran 235 ist dasjenige Element, das in der Kernspaltungsbombe als natürlicher Sprengstoff verwendet werden kann. Folgende Frage stellt sich nun: Weshalb gibt es nur so wenig Uran 235,

Ida Noddack (1896-1978)

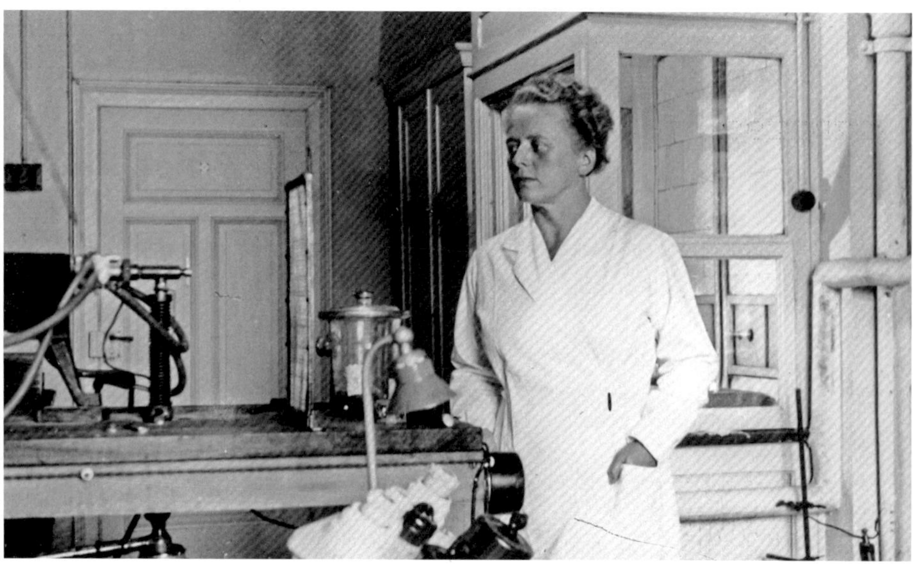

dafür umso mehr Uran 238? Dies führt uns wieder zur Radioaktivität. Nachdem man erkannt hatte, dass die Atome zerfallen, kam die weitere Frage auf: Wann zerfallen die Atome und wie oft? Da der Zerfall spontan erfolgt, konnte man nur über die Anzahl der zerfallenden Atome über bestimmte Zeitabschnitte herausbekommen, wann sich eine bestimmte Anzahl Atome umgewandelt hatte. Daher wurde der Begriff der Halbwertszeit eingeführt. Dies ist diejenige Zeit, in der sich genau die Hälfte der vorhandenen Atome durch die Abgabe eines Alpha- bzw. Betateilchens umgewandelt hat. Dabei ist es unbedeutend, wie viele Atome vorher vorhanden waren, denn es ist immer die Hälfte. Festgestellt wurde, dass die Halbwertszeiten sehr unterschiedlich sind. Sie reichen von 10-7 Sekunden bis 1017 Jahre. Thorium 232 hat zum Beispiel eine Halbwertszeit von 14.050.000.000 Jahren! Das ist in etwa die Zeit der bisherigen Existenz unseres Universums seit dem „Big Bang", dem Urknall!

Wenn wir nun die Halbwertszeiten von Uran 238 und Uran 235 vergleichen, so kommen wir zu folgendem Ergebnis: Uran 238 hat eine Halbwertszeit von 4,51 mal 109 Jahren, während Uran 235 eine Halbwertszeit von „nur" 7,1 mal 108 Jahren hat. Daraus resultiert die geringe Menge an Uran 235 im Vergleich zu Uran 238. Dass Uran-Atome aber nicht nur spontan, quasi natürlich, zerfallen, sondern gezielt durch Beschuss mit Neutronen dazu gebracht werden können, darüber wurde schon in den 1930er Jahren spekuliert.

Ida Noddack beispielsweise äußerte schon 1934 die Vermutung, „dass bei der Beschießung schwerer Kerne mit Neutronen diese Kerne in mehrere größere Bruchstücke zerfallen".[32] Jedoch wurde diese Aussage nicht weiter beachtet. Diesen Gedanken griff Otto Hahn auf, ging mit seinen Experimenten aber noch einen Schritt weiter und brachte Uranatome durch Beschuss mit Neutronen zur Spaltung. Damit bestätigte er die Vermutung von Ida Noddack.

32 Zeitschrift für Angewandte Chemie, Jahrgang 1934, Heft 47, S. 653 - 655

13. Befasste sich die deutsche Atomforschung auch mit Atombomben?

Spätestens seit den Veröffentlichungen von unabhängigen Forschern wie Mayer und Mehner über die „Rätsel des Jonastals" oder von Rainer Karlsch mit dessen Buch über „Hitlers Bombe" (in dem er nachwies, dass in Deutschland bereits vor 1945 an der Atombombe gearbeitet wurde), ist klar, dass hier nicht nur an einem Kernreaktor, sondern auch an der Atombombe experimentiert wurde. Besonders interessant sind dabei Veröffentlichungen und Patente, die erst nach dem Krieg erschienen und eigentlich nur Ergebnisse der Forschungen bis Kriegsende 1945 sein konnten. Das trifft vor allem auf die Arbeiten Diebners zu, der ab 1939 eine eigene Atomforschungsgruppe an der Versuchsstelle Gottow des Heereswaffenamtes betrieb. Dabei stand er in Konkurrenz zu Werner Heisenberg. Allerdings war - es wurde bereits darauf hingewiesen - Diebners Konzept der Würfelanordnung der Heisenberg´schen Plattenanordnung überlegen. Zwischen beiden Wissenschaftlern herrschte ein veritabler Konkurrenzkampf. Ab 1944 wurde Diebner, dies sei hier noch einmal betont, der Stellvertreter von Professor Walther Gerlach als Beauftragter des Reichsforschungsrates für die kernphysikalische Forschung. Seine Nachkriegsveröffentlichungen bezüglich der Konstruktion von Atombomben oder der bereits erwähnten nuklearen Hohlladung lassen auf eigene Kernwaffenforschungen noch vor 1945 schließen.

Leiter der Forschungsabteilung des Heereswaffenamtes (HWA) sowie in Personalunion Leiter des Physikalischen Instituts der Berliner Universität war Professor Erich Schumann. Dieses Institut wurde unter anderem von der Wehrmacht finanziert. Schumann beschäftigte sich mit der Physik von Sprengstoffen und war nebenher mit der waffentechnischen Nutzung der Kernspaltung wie mit der Kernfusion betraut. Seine Gedanken kreisten also auch um eine thermonukleare Waffe. Das geht zum Beispiel aus einem Brief Schumanns aus dem Jahre 1948 an Professor Telschow, dem Generaldirektor des Max-Planck-Instituts in Göttingen, hervor. Darin beschreibt er seine Forschungsarbeiten an der Fusionsbombe. Auch das Skript zu einer geplanten Buchveröffentlichung dazu aus Schumanns Nachlass weist eindeutig darauf hin, dass man in Deutschland über diese Variante einer Kernwaffe forschte. Diese von Heiko Petermann teilweise ins Internet gestellten Informationen zeigen indes nur die theoretischen Grundlagen für die Entwicklung einer Fusionsbombe auf. Leider sind derartige Informationen im Internet nicht mehr vorhanden. Da diese Arbeiten jedoch nicht das Thema dieses Buches sind, bringt uns das in Hinblick auf unsere Fragestellung hier nicht weiter.

Eine andere Spur stellt ein Dokument dar, welches in dem Buch von Paul Lawrence Rose „Heisenberg und das Atombombenprojekt der Nazis" in Kapitel 13 beschrieben wird. Auf Seite 226 wird auf ein Schreiben vom Okto-

Umschlag mit dem Bericht aus Israel.

Hinweis auf die Gewinnung von Plutonium in der Uranbatterie (frühere Bezeichnung für einen Reaktor).

Neben dem einen als Sprengmittel für die Uranbombe geeigneten Stoff $^{235}_{92}U$ kam also gemäss der Vorhersage der Theoretiker noch das $^{239}_{94}Pu$ in Betracht. (Das Zwischenprodukt $^{239}_{93}Np$ scheidet darum aus, weil es mit s seiner Halbwertszeit von 2.3 Tagen eine zu kurze Lebensdauer besitzt.) Bei der Plutoniumerzeugung fällt nun die Osotopentrennung weg. Das in der Uranbatterie entstandene Plutonium muss zwar auch erst vom Uranmetall abgetrennt werden, da aber Plutonium ein von Uran verschiedenes Element ist, kann es auf chemischem Wege abgeschieden werden. Andererseits lag jedoch der Fall beim Actinuran insofern einfacher, als das 235 U im natürlichen Uran schon fix und fertig in einer Menge von o.72% vorhanden war, während das Plutonium erst auf dem Wege über Kernverwandlungen erzeugt werden musste und bei dem erzielbaren Produktionstempo in sehr starker Verdünnung dem Uran beigemengt war.

ber 1944 verwiesen, welches laut Rose einen Befehl aus dem Führerhauptquartier umsetzen sollte, nämlich den „Führerbefehl", die Atombombe sofort zu entwickeln. Rose vermutet, dass die Quelle für diesen Bericht im Bereich des von Manfred von Ardenne geleiteten Atomforschungsprojekts der Reichspost zu finden ist. Nachfolgend einige interessante Abschnitte aus dem Originaldokument, das Autor Rolf-Günter Hauk aus Israel erhielt.

Interessant an diesem Bericht ist, dass Berechnungen, Pläne und Tabellen fehlen, obwohl auf diese hingewiesen wird. Jedoch werden am Anfang Ergebnisse zu Reaktorversuchen beschrieben, deren Daten (erster Versuch ein halbes Watt, nach 16 Tagen 200 Watt) in einem Buch aus dem Jahr 1946 in derselben Größenordnung auftauchen. Es handelt sich dabei um die Arbeit von Hans Thirring, „Die Geschichte der Atombombe". Thirring (1888 bis 1976) war ein Wiener Physiker, der bis 1938 an der Universität Wien arbeitete. Nach dem „Anschluß" von 1938 wurde er zwangsbeurlaubt und war anschließend bis 1945 als Berater für verschiedene Firmen wie die Elin AG oder Siemens tätig. Nach dem Krieg wurde er 1946/47 Dekan der Philosophischen Fakultät. Thirring stand auch während des Krieges in engem Kontakt zu anderen Physikern von der Universität, so zum Beispiel zu Georg Stetter (Direktor des Vierjahresplaninstituts für Neutronenforschung), der beim „Uranverein" tätig war. Doch zurück zu Hans Thirring und seinem Buch. Die angegebenen Leistungsangaben, wie in der obigen Darstellung abgebildet, tauchen auf Seite 102 des Buches von Thirring bei der Beschreibung des Reaktors in Chicago erneut auf. Und auch der Vergleich mit der Leistung einer Glühbirne wird im Buch genauso wiedergegeben. Dies scheint ein erster Hinweis darauf zu sein, dass Rose mit seiner Annahme, jedenfalls bei diesem Teil des Berichtes, nicht recht hat. Diese Daten konnten nicht aus dem Jahr 1944 stammen, sie müssen später entstanden sein. Auf Seite 26 des Berichts wird auf das Verfahren der Erzeugung von Plutonium eingegangen und dessen Verwendung in einer Atombombe.

Auch diese Seite aus dem Bericht entspricht teilweise den Seiten 107/108 des Buches von Thirring. Im Bericht

D i e   U r a n b o m b e .

Bei Konstruktion einer Bombe, die nach dem Prinzip der Kettenraktion arbeitet, muss bei Verwendung von Plutonium oder Actinuran beachtet werden, dass die Aneinanderbringung der getrennt transportierten Einzelpartien des Sprengstoffes blitzartig rasch erfolgt, um zu verhindern, dass die Lawinenbildung durch langsames Aneinanderbringen schon zu früh erfüllt ist, und somit die Kettenreaktion eintritt. Wobei mit einem kleinen Bruchteil von 0.1% der ~~wirkungslos-auseinander~~ gesamten Energie die Explosion erfolgt und der Sprengstoff mit 99,9% wirkungslos auseinandergeschleudert wird, weil nach Zerstieben des Sprengstoffes die bei der Spaltung gebildeten Neutronen, keine Atome mehr finden, die sie ihrerseits weiterspalten könnten. Aus dieser Überlegung ergibt sich folgende Forderung:

1.)

2.)

Aus all diesen Überlegungen, aus den vorhandenen Forschungsergebnissen und den Experiment-Produkten wurde an die Konstruktion und den Bau einer Uranbombe geschritten.

Da lt. Bef.FHQU 219/44 v.3o.Sept.1944 der Bau der Uranbombe forciert werden musste, verzichteten wir auf die Arbeiten mit kleinen Modellen in der Grössenordnung von wenigen Milligramm, sondern stützen uns bei dem Bau und der Konstruktion der Uranbombe im Wesentlichen auf die vorhandenen Forschungsergebnisse und theoretische Spekulationen, die sich aber, wie wir heute schon den Beweis haben, richtig waren.

Beschreibung der Überlegungen zur Atombombe. (Anmerkung des Autors: Actinuran = Uran 235)

Mechanische Konstruktion der Uranbombe Type UB II.

Die Länge des Rohres beträgt wie schon angegeben mm mit einem Kaliber von mm wobei die Rohrstärke beim Verschluss mm und bei der Mündung 15 mm beträgt. Das Rohr hat eine Wolfram-Bleigemisch-Deckung von schon angegebenem Mischverhältnis und ist als solches natürlich nur einmal zu verwenden, wobei natürlich bei Ablauf der Kettenreaktion das Rohr, ebenso wie alle anderen Bestandteile der Bombe in seine atomaren Bestandteile aufgelöst wird. Der Verschluss ist ein konisch eingesetzter Kastenboden, der mittels Hebelschraube geschlossen wird. Über dem Verschluss befindet sich im Durchschnittlichen Abstand von 2 - 3 mm eine mm starke Blei-Wolframdeckung in welche 2 Fenster geschnitten sind, welche wieder exakt verschliessbar, die Bedienung der Zeitzündung und des Verschlusses ermöglichen. Die Zeitzündung, die wie schon erwähnt, bei Verlassen der Bombe des Flugzeuges automatisch in Tätigkeit gesetzt wird, muss vorher auf die Abwurfhöhe bzw. Explosionshöhe eingestellt werden. Die Vorrichtung C_2 der Zeichnung zeigt deutlich, dass die Zeitzündung bei Verlassen des Flugzeuges in Tätigkeit gesetzt wird und zwar mittels Reissleine. Obwohl sämtliche Versionen aus Sicherheitsgründen bei der Konstruktion des Zeitzünders erwogen sind, wurde doch diese primitiv anmutende Vorrichtung gewählt, weil die durch ihre Einfachheit das sicherste darstellt. Die Geschossladung welche sich in einer Messing-Stahl-Hülle befindet, wird mit Treibsatz IIa angetrieben und erreicht eine V_0 von 912/sec mit welcher sie in die Zielladung trifft. Das Rohr wird mittels 3er Streben an der Unter- und Oberseite in der Seelenachse der Bombenhülle gehalten und die Zielladung ebenso mittels zweier Streben an die Rohrmündung, mit der sie verschweisst ist, angepresst. Ebenso wird das Rohr nach Laden luftleer gepumpt und dann erst mit der Zielladung bzw. deren Deckmantel, verschweisst.

Beschreibung des Aufbaus der Atombombe auf Seite 35 des Dokuments aus Israel.

wird dann auf Seite 30 aus dem Dokument aus Israel auf die Uranbombe (Atombombe) eingegangen (Bild Seite 51).

Diese Passage ist besonders interessant, obwohl hier wiederum wichtige Daten fehlen. Zum einen wird dargelegt, wie wesentlich es sei, die „Einzelpartien" so schnell wie möglich zusammenzubringen, um den Wirkungsgrad der Atombombe so groß wie möglich werden zu lassen, zum anderen ist es der Hinweis auf den Befehl „Führerhauptquartier 219/44" vom 30. September 1944, denn laut diesem Befehl ist der Bau der Uranbombe zu forcieren. Leider ist die Anweisung selbst bis heute nicht aufgetaucht. Es folgt im weiteren der Verweis auf die Konstruktion und den Bau der Bombe sowie die Anmerkung, dass die Forschungsergebnisse und theoretischen Überlegungen dazu zutreffend waren. Was bei den obigen Ausführungen erneut ins Auge fällt, ist die Tatsache, dass die darin enthaltenen Leistungsangaben zum Reaktor im Wesentlichen mit den in Hans Thirrings Arbeit „Die Geschichte der Atombombe" aufgelisteten Daten übereinstimmen! Nachfolgend die entsprechende Passage auf Seite 124:

„Und auch wenn alle Rechnungen stimmen, ist das mit dem partienweisen Transportieren und dem Zusammensetzen der Sprengladung im letzten Moment nicht so einfach. Man nähert die Einzelteile des Sprengstoffes einander, und kaum sind sie so nahe, dass die Lawinenbedingung (d. h. Kettenreaktion; Anmerkung der Autoren) erfüllt ist, setzt die Kettenreaktion schon ein, und mit einem winzigen Bruchteil, sagen wir mit 0,1% der gesamten Energie, wird der Sprengstoff schon in alle Winde zerstreut und zerstoben, ehe die Explosion seine gesamte Masse ergriffen hat. Auf diese Weise würden 99,9% der gesamten in der Bombe steckenden Energie gar nicht zur Wirkung kommen, weil nach dem Zerstieben des Sprengstoffes die bei der Spaltung gebildeten Neutronen keine Atome mehr finden, die sie ihrerseits weiter spalten könnten."

Ab Seite 31 dieses Dokumentes aus Israels wird auf die Uranbombe und deren Konstruktion eingegangen. Die Beschreibung des Bombenabwurfs mittels eines Fallschirms sowie der Zündung der Bombe mit der dazu notwendigen Funktionsweise des Zeitzünders schildert der auf Seite 52 abgebildete Abschnitt. Ein derartiger Zünder war notwendig, um die erforderliche Explosionshöhe zu gewährleisten. Außerdem sorgte der Fallschirm dafür, dass das abwerfende Flugzeug Zeit gewann, um sich aus dem Gefahrenbereich (Lichtblitz und Druckwelle) zu entfernen und den für den Eigenschutz zwingend benötigten Sicherheitsabstand gewinnen zu können. Auch hier fehlen die entsprechenden Daten und Zeichnungen.

Nach dem Vergleich und der inhaltlichen Analyse der in dem Dokument dargestellten Informationen mit den Angaben im 1946 erschienenen Buch von Hans Thirring könnte man zu der Überzeugung gelangen, dass es sich nur um ein Machwerk handelt, welches zum Teil das genannte Buch kopiert und ansonsten sehr zweifelhaft ist, da die wichtigen Angaben, Werte, Tabellen und Zeichnungen fehlen.

Im Jahr 2006 tauchte im Internet ein Dokument auf der Website von Heiko Petermann auf. Petermann arbeitete mit Rainer Karlsch zusammen und brachte das Buch „Für und Wider Hitlers Bombe" heraus. Es ergänzte Kar-

Ischs Arbeit „Hitlers Bombe" um weitere Informationen zu dessen Thesen zu diesem brisanten und totgeschwiegenen Thema. Die site „www.petermann-heiko.de/aktuelles/dokument.php" steht zum Zeitpunkt dieser Veröffentlichung leider nicht mehr im Netz. Die Überschrift dieses Dokuments lautet: Das „Bayerische Dokument". Darin beschreibt Petermann, wie er eine Kopie davon erhielt. Daraus konnte abgeleitet werden, wer seine Verfasser waren. Wie schon Paul L. Rose in seinem Buch beschrieb, gelangte das Schriftstück im Jahr 1954 in das „Yad Vashem Archiv", nachdem Simon Wiesenthal es 1951 erworben hatte. Es schien aus Paris zu stammen, wie einer kaum lesbaren Adresse zu entnehmen war.

Mehr war bis zu dem Zeitpunkt, als das Dokument bei Petermann auftauchte, nicht bekannt. Nun stellte sich aber heraus, dass es von zwei Personen verfasst worden war, die Zugang zu einem „Interrogation Camp" (auf Verhöre spezialisierte Kriegsgefangenenlager) in Bayern hatten. Einer der beiden war Dolmetscher, denn in dem Camp wurden deutsche Wissenschaftler befragt, von denen einige auch in Peenemünde gearbeitet hatten. Schwerpunkt der Verhöre war jedoch nicht das Raketenprogramm der Nazis, sondern das deutsche Uranprojekt. Es ist nicht klar, wie viele Informationen und Einblicke der - ohnehin höchstwahrscheinlich fachunkundige - Dolmetscher in die Unterlagen erhielt. Jedoch ist sicher, dass die beiden Deutschen beschlossen, ihre damaligen, in Kriegszeiten gewonnenen Erkenntnisse zu sammeln, aus dem Lager zu schmuggeln und dann erst einmal zu verstecken. Später wollten sie diese verkaufen. Petermann hat nun das Dokument untersucht und herausgefunden, dass es aus verschiedenen Teilen zusammengefügt ist, welche teilweise nicht zueinander passen. Das wurde zuvor bereits dargestellt, auch mit dem Hinweis auf Thirrings Buch.

Petermann schreibt weiter, dass ab Seite 30 die Darstellung einen Sprung macht und ein Bericht zitiert wird, der wohl im Herbst 1944 verfasst wurde. Jedoch fällt auch hier dem Autor eine Passage auf, die von Thirring übernommen wurde. Ab Seite 31 sind jedoch keine kommentarlos kopierten Texte mehr feststellbar, sodass man ab hier der Meinung des Autors Petermann folgen kann. Ab diesem Punkt würde auch Rose mit seinen Annahmen recht haben. Thirring weist darauf hin, dass die Details zur Bombenkonstruktion zwar geheim sind. Er beschreibt jedoch dann aufgrund der „knappen diesbezüglichen Andeutungen des amtlichen Berichts" eine mögliche Lösung, die auf Seite 55 dargestellt wird.

Die Bedeutung der einzelnen Komponenten wird wie folgt beschrieben: „Es sind die üblichen Umrisse einer Fliegerbombe gezeichnet, und S im Bild bedeutet die eigentliche Sprengladung aus Uran-235 oder Pu (Plutonium). Die Ladung ist in Form einer Kugel, aus deren Mitte ein zylindrisches Stück herausgeschnitten ist. Dieser herausgeschnittene Stöpsel befindet sich am oberen Ende eines Kanonenrohres R und darüber eine Sprengladung P aus irgendeiner der normalen Pulversorten (Sprengstoff). T ist der Tamper, also der aus einem schweren, neutronenreflektierenden Stoff bestehende Mantel. Um die Bombe zur Explosion zu bringen, wird die Pulverladung P gezündet, diese schießt den Uran- oder Plutoniumstöpsel in die Sprengkugel S hinein, die so dimensioniert ist, dass sie nach

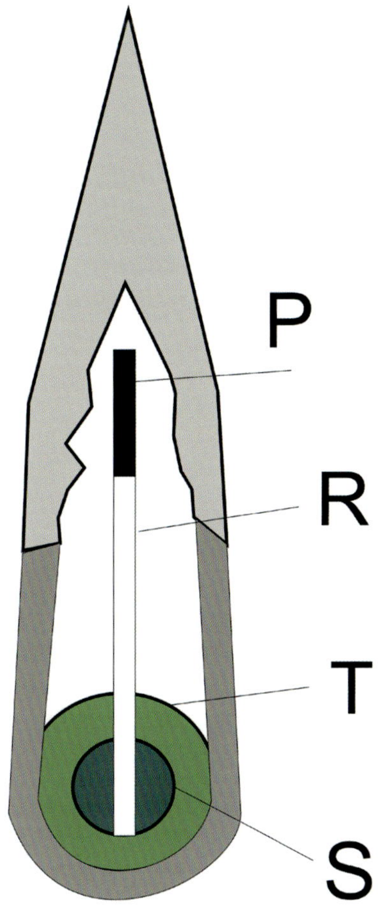

Links: Darstellung der Konstruktion einer Atombombe. (vgl. auch Thirring, Die Geschichte der Atombombe, S. 125)

Vervollständigung ihrer Kugelgestalt durch den Stöpsel die kritische Masse überschritten hat und dementsprechend explodiert."

Das Petermann vorliegende Dokument enthält nun auch die im Dokument von Yad Vashem fehlenden Daten und Zeichnungen. Es wird auf Einzelheiten zur Konstruktion der Bombe eingegangen sowie deren Einsatzart. Was auffällt, ist der Umstand, dass die „kritische Masse" von Uran 235 mit 3,217 Kilogramm angegeben wird und für Plutonium mit 5,139 Kilo. Für Plutonium ist das korrekt, allerdings nur bei der Verwendung eines Tampers. Für Uran 235 ist diese Angabe indes viel zu niedrig, da bei Uran 235 ohne Tamper von etwa 50 Kilogramm ausgegangen werden muss.

Beschäftigen wir uns nun mit dem Aufbau der Uranbombe laut dieses Dokuments, wie es von Petermann vorgelegt wurde. Darin dargestellt auch die Zeichnung einer solchen Bombe.

Die Zeichnung auf Seite 56 stellt den Aufbau einer Uranbombe mit einem Plutoniumkern dar. Vom Aufbau entspricht diese Bombe dem Kanonenprinzip, bei dem ein Teil des Plutoniums in den Plutoniumkern geschossen wird, damit die „kritische Masse" erreicht und die Detonation ausgelöst wird. Der Aufbau entspricht dem Aufbau derjenigen Bombe, die auf Hiroshima fiel. Allerdings fehlen auf der Skizze so wichtige Einzelheiten wie der Tamper. Dies deutet darauf hin, dass diese Zeichnung keine einfache Übernahme der Zeichnung von Thirring war, wie die oben abgebildeten und von ihm übernommenen Texte. Auf Seite 37 des Dokuments wird noch auf die laufenden Versuche zum Transport der A-Bombe in einem V1-Marschflugkörper bzw. mittels einer ballistischen Rakete der Typen V2 sowie V4 bis V8 hingewiesen. Interessant ist, nebenbei bemerkt, der Verweis auf die noch verhältnismäßig große Betriebsunsicherheit der Raketengeschosse, die sich damals noch im Entwicklungsstadium befanden. Die große Gefahr bestand nämlich darin, dass die Raketen mit ihrer Atombombe im Gefechtskopf über eigenem Gebiet abstürzen und unkontrolliert detonieren könnten.
Bevor wir uns mit der quellenkritischen Beurteilung und Einordnung dieses Berichts befassen, sei noch auf ein weiteres Kapitel verwiesen, in dem auf eine spezielle Konstruktion eingegangen wird, die in den damaligen sowie bei heutigen Kernwaffen verwendet wird.

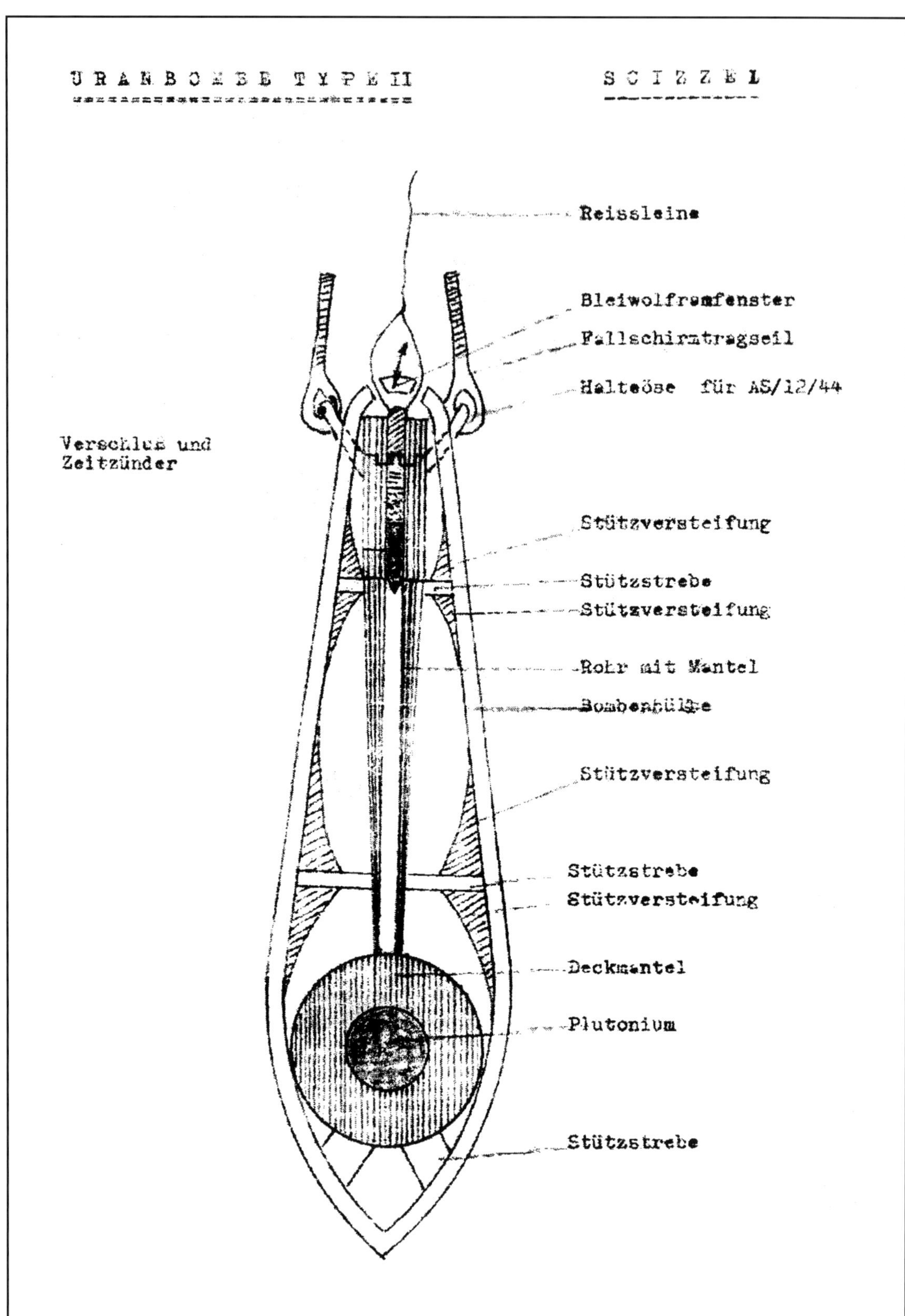

Skizze der Uranbombe Type II (www.petermann-heiko.de/aktuelles/dokument.php; nicht mehr verfügbar).

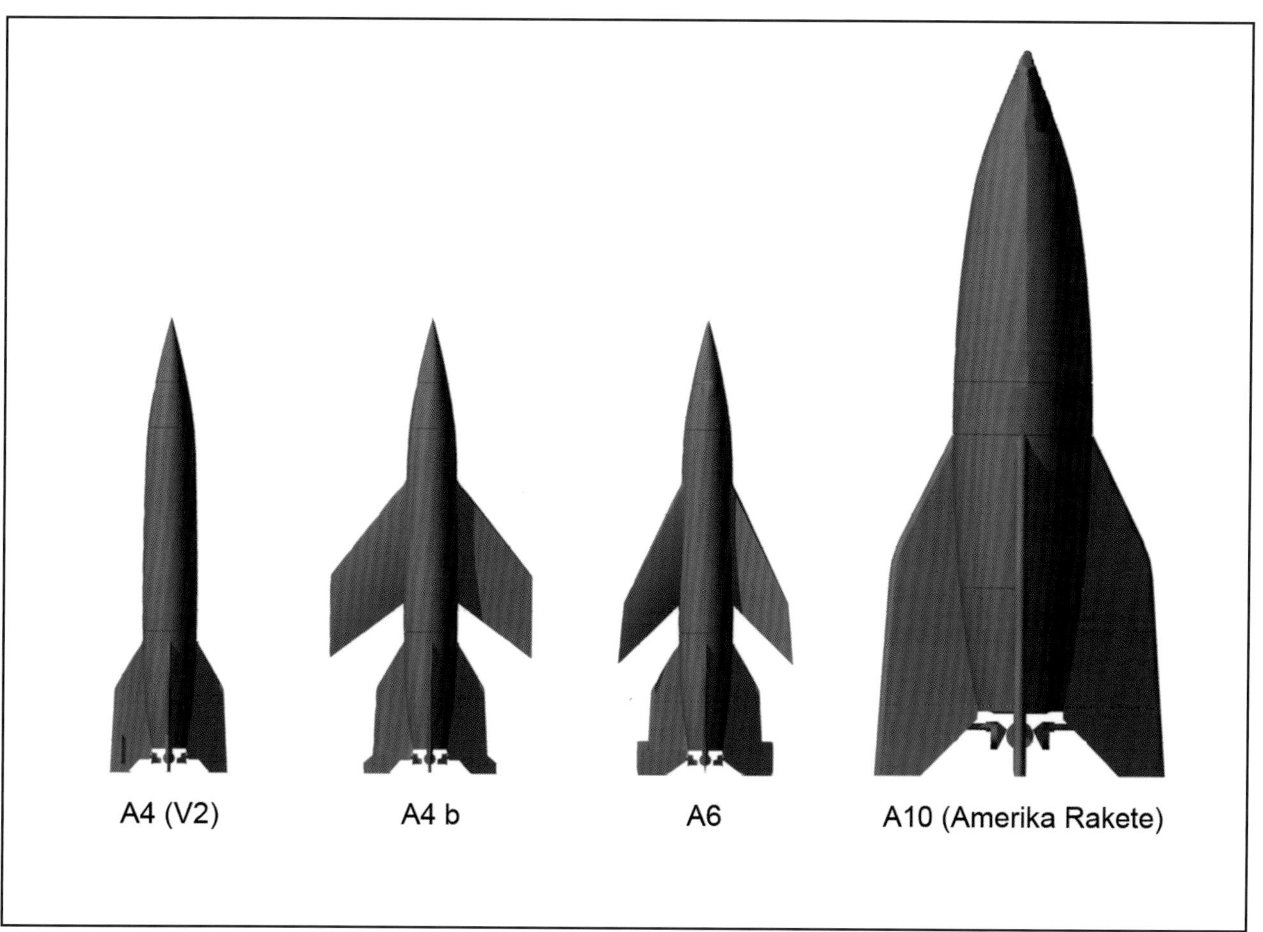

Vergleich der verschiedenen Raketentypen, die die offizielle Bezeichnung „Aggregat" führten, also Aggregat 4 bis Aggregat 10 (A4 bis A10). Die Interkontinentalrakete („Amerika-Rakete") A10 war als Träger für eine Atomwaffe vorgesehen. Der Bau sollte im österreichischen Ort Ebensee erfolgen. Hierzu wurde unter dem Denknamen „Zement" eine gigantische Stollenanlage in den Berg getrieben. Noch heute fahren Güterzüge durch die große Halle, in der die A10 vor der Verladung auf einen Eisenbahnwaggon aufrecht montiert werden sollte.

Es handelt sich dabei um eine Erfindung von Klaus Clusius (1903 bis 1963). Clusius war Chemiker und von 1936 bis 1947 ordentlicher Professor an der Technischen Universität München. Er arbeitete im Rahmen des Uranprojekts an der Isotopentrennung und beschäftigte sich dort wiederum mit der Trennung von stabilen Isotopen durch Anreicherung mittels Thermodiffusion (Trennrohr nach Clusius und Dickel). In dem Dokument wird die Erfindung als „Kernaddierender Ellipsoid" dargestellt. Es wird auf Seite 33 darauf verwiesen, dass das von ihm mit Hilfe eines solchen Ellipsoiden hergestellte Element 98 das Element Paulinum war. Damit wäre es den deutschen Wissenschaftlern gelungen, das Element 98 noch während des Krieges zu erzeugen. Offiziell wurde dieses jedoch erst am 17. März 1950 an der University of Berkeley im dortigen Zyklotron gefunden. Der heutige Name ist „Californium" (Cf).

Eine Beschreibung wird in der Quelle zwar nicht mitgeliefert, jedoch kann man der Zeichnung entnehmen, dass zum Beispiel die in der Kathode (2) erzeugten Ionen über die Zwischenanode (1) zur imaginären Anode (4) gelangen. Dort könnte sich unter Umständen auch ein anderer Stoff befinden, mit dem die von der Kathode erzeugten Ionen reagieren sollen. Der Trick bei dieser Anordnung ist die Form des Ellipsoids und dessen Eigenschaften. Der Ellipsoid besitzt zwei Brennpunkte, die auf der Grafik als „F1" und „F2" be-

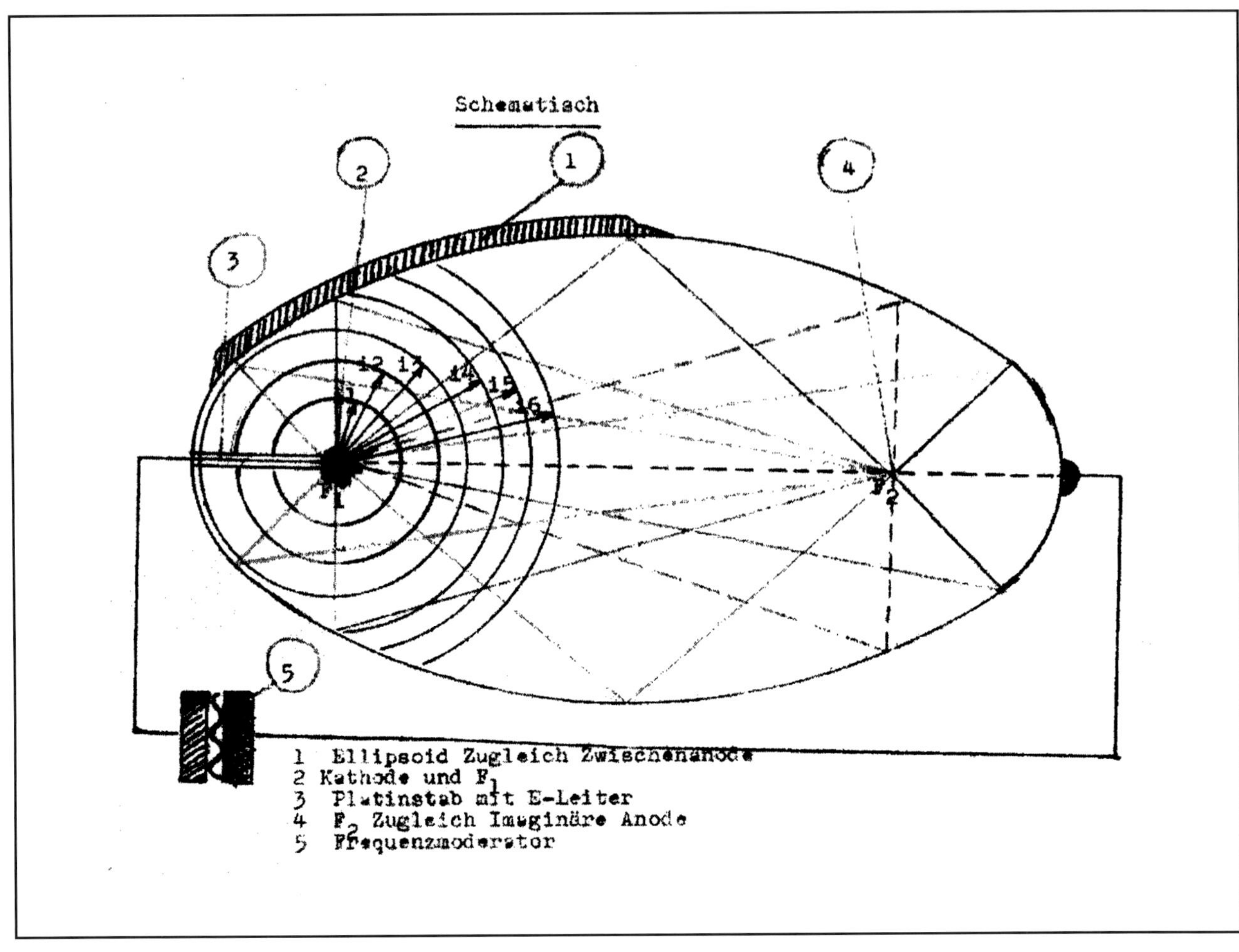

Darstellung des Ellipsoids im Dokument.
Die Bedeutung der einzelnen Nummern/Komponenten in der Zeichnung:
1 Ellipsoid zugleich Zwischenanode
2 Kathode und F1
3 Platinstab als E-Leiter
4 F2 zugleich imaginäre Anode
5 Frequenzmodulator

zeichnet werden. Die in F1 erzeugten Ionen (oder auch beliebige Strahlung) wird an der Hülle des Ellipsoiden reflektiert, und zwar dergestalt, dass die reflektierte Strahlung/Ionen sich im zweiten Brennpunkt wieder treffen. Dadurch wird ein Maximum an Energie übertragen. Dass durch diesen Ellipsoid tatsächlich ein neues Element erzeugt werden konnte, ist folgendermaßen möglich: In F2, also dem Ziel, wird eine Folie aus Blei angebracht. In F1 befinden sich die Ionen eines Elementes, welche elektrisch beschleunigt werden und an den Wänden des Ellipsoids zum Punkt F2 reflektiert werden. Da am Punkt F2 die maximale Energie als gebündelter Ionenstrahl ankommt, kann es zu Kernfusionen kommen und damit ein neues Element entstehen. Heute wird dieser Vorgang mit Linearbeschleunigern vorgenommen, zum Beispiel im 120 Meter-Linearbeschleuniger der „Gesellschaft für Schwerionenforschung“ in Darmstadt.
Nun wird der Leser sicherlich fragen: Was hat das alles mit Kernwaffen zu tun? Bekanntlich wird der Aufbau von Kernwaffen als Staatsgeheimnis betrachtet. Das gilt ganz besonders für die modernen Wasserstoff-Fusionsbomben. Einen Blick hinter die Kulissen konnte man werfen, als im Jahr 1981 ein Buch von Friedwardt Winterberg mit dem Titel „The Physical Principles of Thermonuclear Explosive Devices“ erschien. Winterberg, Jahrgang 1929, promovierte in München bei Werner

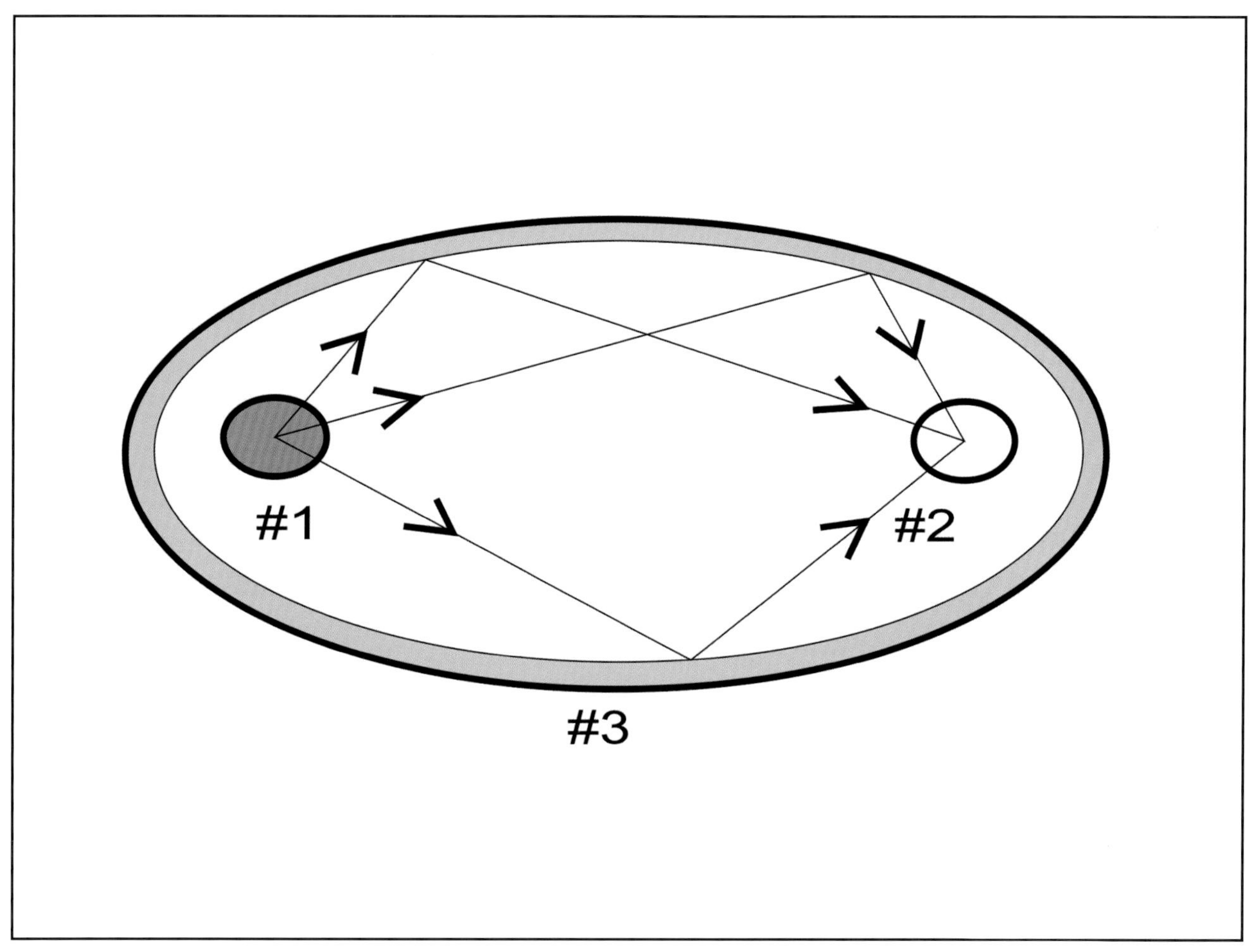

Zeichnung: *Christel Focken, nach Winterberg, Friedwardt, Der Prandtl-Meyer Ellipsoid. The Physical Principles of Thermonuclear Explosive Devices, S. 28*

Heisenberg und arbeitete danach bis 1959 am Forschungsreaktor Geesthacht. 1959 ging er in die USA und lehrte ab 1963 als Professor für theoretische Physik an der University of Nevada in Reno. Er arbeitete nebenher auch viele Jahre in der Fusions- und Waffenforschung. In seinem Buch beschreibt er verschiedene thermonukleare Bomben. Hier wird auf Seite 28 auch der hier als „Prandtl-Meyer Ellipsoid" bezeichnete Ellipsoid dargestellt.

Hier die Funktionsweise: Eine Kernspaltungsbombe, die sich im Brennpunkt #1 befindet, wird gezündet und induziert eine kugelförmige Implosion im Brennpunkt #2. Die ankommende Detonationswelle (durch Pfeile dargestellt) wird an der Parabolhülle reflektiert und zum zweiten Brennpunkt #2 abgelenkt. Dort kumuliert (konzentriert sich) die gesamte Detonationsenergie der Kernspaltungsbombe und zündet damit die Fusionsbombe, die sich im Brennpunkt #2 befindet. Soweit die Beschreibung des Zündvorgangs. Man erkennt hier die gleiche Funktion der beiden Ellipsoiden. Im ersten Brennpunkt wird ein Ereignis ausgelöst, welches sich auf den zweiten Brennpunkt auswirkt. Das konnten sich die Verfasser des aus Israel stammenden Dokuments nicht ausgedacht haben, und eine Abschrift aus einem Dokument ist nicht bekannt (Thirring erwähnt diesen Ellipsoid nicht).

Nach diesem kurzen Ausflug in die Anwendung eines Ellipsoiden kommen wir zu der Beurteilung des „Bayerischen Dokuments". Der Bekannte des Dolmetschers und der Dolmetscher selbst stellten dieses Dokument zusammen, ohne viel von der Materie zu verstehen. Man versuchte dann, dieses Schriftstück zu Geld zu machen - so wie es Petermann beschreibt - und überlies einem etwaigen Interessenten dabei für einen ersten Eindruck ein „gesäubertes" Exemplar. Ein solches gelangte über Simon Wiesenthal nach Israel. Für uns ist jedoch interessant, dass schon zu der Zeit der Befragung die Amerikaner über die Gedanken und möglichen Pläne der Deutschen zur Atombombe informiert waren.

Wenn einzelne Teile des Dokuments Kopien des Werkes von Hans Thirring enthalten (wie oben dargestellt), so kann es erst nach dem Erscheinen des Buches zusammengestellt worden sein. Das Buch wiederum erschien 1946 und war mit einer Auflage von 20.000 Exemplaren schnell vergriffen. Der Autor wird aber bestimmt schon ab 1945 daran gearbeitet haben. Also kann man davon ausgehen, dass das „Bayerische Dokument" 1946 oder später entstand. Petermann schreibt dazu: „Es (das Dokument; Anm. der Autoren), deutet darauf hin, dass den Amerikanern 1945/46 Forschungspapiere und Aussagen über die deutsche Atomforschung vorlagen, die über das damals bekannte Wissen hinausgingen."
Es muss also deutsche Konstruktionspläne für Uran- und Plutoniumbomben gegeben haben. Soweit können wir den Ausführungen Petermanns zustimmen.

Zusammenfassung:

Die in dem „Bayerischen Dokument" enthaltenen Darstellungen zeigen, dass die deutschen Wissenschaftler sich während des Krieges mit dem Einsatz von Atombomben beschäftigt und deren Verwendung in Raketen erwogen haben. Da die Informationen zum Teil aus Befragungen deutscher Wissenschaftler und Techniker durch die Amerikaner stammen, gilt es als gesichert, dass die Amerikaner spätestens ab dem Zeitpunkt der Befragung (1945/1946) über deutsche Pläne zur Atombombe informiert waren.

14. War die amerikanische Atombombe nur mit deutscher Hilfe einsatzbereit?

Eine Anmerkung zu den nachfolgenden Punkten:
Da nach dem Krieg die deutschen Dokumente über die Forschungen zur Kernenergie bzw. zur Anwendung der Kernenergie als Waffe entweder von deutschen Wissenschaftlern vernichtet oder von den Alliierten außer Landes gebracht worden waren, ist es heutzutage schwierig, ein einigermaßen realitätsnahes Lagebild vom tatsächlichen Sachstand der damaligen Forschungsarbeiten zu erhalten. Es wurden in den letzten Jahren zwar viele Dokumente der Öffentlichkeit wieder zugänglich gemacht, jedoch zeigen diese eine Forschung, die sich ab Anfang der 1940er Jahre nur mit dem zivilen Sektor befasste. Dies entspricht zwar der offiziellen Darstellung, jedoch unserer Meinung nach nicht der ganzen Wahrheit. Da es kaum offizielle Quellen gibt, die unsere Darstellung belegen, sind wir gezwungen, wie Kriminalisten vorzugehen und uns über offene oder versteckte Hinweise der Wahrheit zu nähern. Im Folgenden listen wir einige Indizien und Anhaltspunkte auf, die unsere Thesen zumindest unterstützen.

- Aus Staßfurt wurden Mitte April 1945 1.100 Tonnen Uran von der US-Army zur Anreicherungsanlage in Oak Ridge in Tennessee gebracht.

- Laut Befragungsprotokoll von Klempnermeister Rundnagel, der in Stadtilm bei der „Gruppe Diebner“ beschäftigt war, berichtete ihm der Wissenschaftler Dr. Rehbein, dass sich in den Panzerschränken [?] zwei Atombomben befänden. Daher vermutet Rundnagel, dass diese später über Hiroshima und Nagasaki abgeworfen wurden.

- Nach dem Einmarsch der Amerikaner in das Jonastal wurden durch diese laut Augenzeugenberichten kistenweise Materialien abtransportiert.

- Nachdem ALSOS in Stadtilm die verbliebenen Mitarbeiter von Diebner verhört und geheime Unterlagen sowie Uranwürfel beschlagnahmt hatte, übermittelte Pash an Goudsmit eine Nachricht, in der es unter anderem hieß: „Wir sind gerade drei Stunden hier und schon ist allen klar, dass wir eine Goldmine entdeckt haben.“

- Berichte amerikanischer Augenzeugen, die eine große Atombombenfabrik in der Nähe von Arnstadt gefunden hatten und davon erzählten.

- Die Menge von 53,6 Kilogramm Uran 235 (wie oben erwähnt ist das die notwendige Menge Uran in der Hiroshima-Bombe) war bis Ende Juli 1945 laut der offiziellen Produktionszahlen nicht erreichbar, sondern maximal 47,2 Kilo - und das auch nur bei hundertprozentiger Auslastung der technischen Anlagen, ohne Produktionspausen und ohne Berücksichtigung des angereicherten

Urans 235 für die Grundlagenforschung!

- Der Transport von angereichertem Uran durch den ALSOS-Mitarbeiter Donald D. Richardson in die USA: Zitat: „[...] captured 136 pounds of weapons grade uranium at the Berlin Post Office".[33] 136 pounds, das entspricht 61,7 Kilogramm waffenfähiges, also angereichertes Uran. Diese Menge befand sich also jetzt in den USA! Richardson brachte es dort zur Wendover Air Base in Utah. Leider gibt es dazu kein konkretes Datum, jedoch muss das, folgt man seinem Lebenslauf, noch vor dem Abwurf von „Little Boy" über Hiroshima gewesen sein. Interessant ist auch der Hinweis zum „Berlin Post Office", womit sicherlich ein Labor (und nicht etwa ein normales Postamt, wie die Bezeichnung vermuten ließe) der Reichspost gemeint war. Die Reichspost unterstützte nämlich das Laboratorium von Manfred von Ardenne und betrieb zusätzlich noch das „Amt für physikalische Sonderfragen" in Miersdorf bei Berlin, das sich ebenfalls mit der Atomforschung beschäftigte.

- Richardson war nicht nur bei der ALSOS-Mission in Deutschland dabei, sondern auch beim Zusammenbau der Hiroshima-Bombe, wie das weiter vorne gezeigte Foto vom Zusammenbau der „Little Boy"-Bombe belegt.

- Die Nagasaki-Bombe wurde in White Sands (Wüstengebiet in New Mexico) getestet. Die Hiroshima-Bombe wurde vor dem Einsatz in Japan allerdings nicht getestet. Dies ist vor allem für neuartige Waffen eigentlich nicht üblich, denn es muss sichergestellt sein, dass diese bei einem möglichen Versagen dem Feind nicht in die Hände fallen. Anscheinend verließen sich die Amerikaner aber auf die Tests, die die Deutschen durchgeführt hatten. Diese Aussage beruht auf dem Augenzeugenbericht des Kriegsgefangenen Rudolf Zinsser, der von einem Atomtest in Norddeutschland im Jahre 1944 berichtet hatte und dessen Ausführungen verblüffend denjenigen in der „New York Times" vom 9. September 1945 abgedruckten Augenzeugenberichten vom Atombombenabwurf über Nagasaki glichen. Interessant ist dabei die Tatsache, dass Zinsser seine (angeblichen) Beobachtungen vor dem Abwurf der ersten amerikanischen Atombomben machte.[34]

- Da zeitweise kein Plutonium für eine weitere Atombombe produziert werden konnte, sollte ein weiteres Exemplar des Hiroshima-Typs, also eine Uran 235-Bombe, gebaut werden, jedoch erst einmal ohne Uran. Man wollte zunächst sicherstellen, dass für den künftigen Bedarf an Atombomben weitere Bombenkörper zu Verfügung standen. Der geplante Nachbau der Hiroshima-Bombe gestaltete sich aber als überraschend schwierig, da keine Konstruktionspläne für die Bombe gefunden werden konnten (!). Es waren nur Zeichnungen für einzelne Komponenten und einige Ersatzteile vorhanden. (Wenn man die Bombe selbst konstruiert, hat man auch dementsprechende Konstruktionsunterlagen).

- Der prinzipielle Aufbau der deutschen Atombombe des „Typs II", wie in dem „Bayerischen Dokument" gezeigt, entspricht im Aufbau demjenigen der Hiroshima-Bombe.

33 www.baseballinwartime.com/player_biographies/richardson_don.htm

34 Siehe Anhang.

15. Erklärungen zu GEORADAR und Referenzmessungen

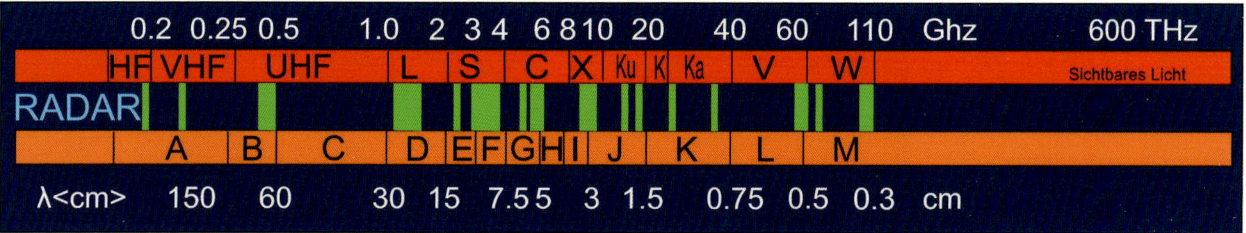

Frequenzbereich des Radars in der Flugzeugortung und beim Georadar.

Ähnlich der Radarortung in der Luft- oder Seefahrt wird beim Georadar ein elektronischer Strahl in den Boden gesendet und von unterirdischen Objekten und Bodenstrukturen zurückgeworfen. Im Falle eines herkömmlichen Radars reflektiert das „Ziel“ - ein Schiff, Flugzeug oder erdgebundenes Objekt wie ein Fahrzeug oder eine Person - den Radarstrahl und schickt ihn an den Sender zurück. Die Kunst der Auswertung des empfangenen Signals besteht nun darin, die Radarsignaturen bzw. -bilder richtig zu erkennen und auszuwerten.

Zur Ortung und Auswertung benötigt man eine Basisfläche nach Länge und Breite. Die Messung der Tiefe bzw. Reichweite erfolgt durch die Zeit, die der Messstrahl benötigt, bis er wieder beim sendenden Gerät eintrifft. Nach der Auswertung des Messfeldes erzeugt ein entsprechendes Computerprogramm eine dreidimensionale Grafik, in der die Objekte und Bodenanomalien sichtbar werden. Nachfolgend einige Beispiele aus der Praxis.

16. Auswertung eines Scans in Altenburg auf dem Fürstenfriedhof

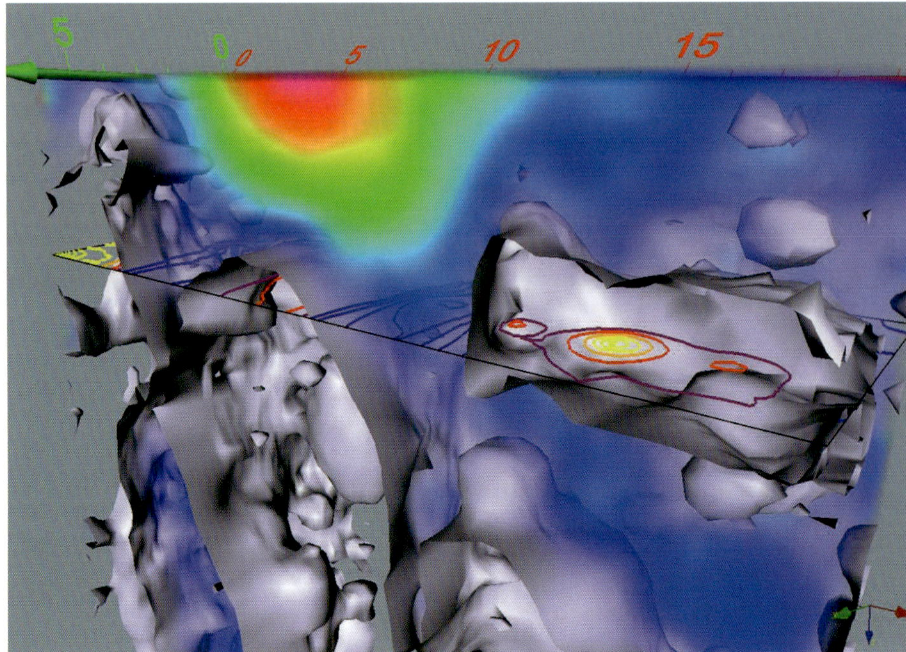

Im Bild sind Mitte rechts die Strukturlinien des Körpers im Grab deutlich erkennbar. Auf dem Brustkorb des Körpers zeigt das Georadar eine metallische Anomalie, die auf eine unbekannte Grabbeigabe metallischen Ursprungs hinweist (Peter Lohr).

Durch den Einsturz eines Hubkrans wurde auf dem Gelände in Altenburg zufällig eine Gruft geöffnet und damit erst erkannt, dass das Areal unterhöhlt war. Mit dem Auftrag in der Tasche, die Wiese, auf der der Einsturz erfolgt war, zu untersuchen, machte sich Dipl.-Ing. Peter Lohr ans Werk und scannte das Erdreich mit einem Georadargerät. Das Ergebnis war für alle eine Überraschung: Die Georadarmessung zeigt ein Grab mit darin befindlichem Skelett.

17. Auswertung einer Brunnensuche

In der Auswertung ist der Rand des gemauerten Brunnens deutlich erkennbar. Verblüffend war aber die Erkenntnis, dass drei Meter vom vermuteten Ort des gesuchten Brunnens entfernt ein weiterer Brunnenschacht älteren Datums vorhanden sein musste. (www.geo-detect.de)

Ein weiteres Scanbeispiel ist die Ortung eines Brunnens in Wegendorf (Brandenburg). Bauern berichteten von einem Brunnen, bei dem in den 1970er Jahren der obere Ring einstürzte. Die damalige LPG (Landwirtschaftliche Produktionsgenossenschaft) füllte daraufhin den Brunnen mit Sand. Dieser Brunnen sollte nun geortet werden, doch die Auswertung zeigte Verblüffendes.

Dies soll als Erklärung der Funktion und der Einsatzmöglichkeiten der modernen Georadartechnik genügen.

18. Georadar in der 3D-Darstellung

Bild von der Panzersperre in der „Ludendorfstellung" nordwestlich von Międzyrzecz (früher: Meseritz) am „Ostwall". Die Einschubkästen für die Eisenbahnschienen wurden versetzt in mehreren Reihen angeordnet. (www.ostwall.info)

In die Straßen des „Ostwalls" aus der Zeit des Zweiten Weltkriegs wurden Panzersperren entlang der Hauptkampflinie (HKL) eingebaut. Diese Sperren bestanden unter anderem aus einem massiven Betonblock, in den senkrechte, vasenartige Kästen eingegossen waren, um Eisenbahnschienen einstecken zu können (sogenannte „Straßenstecksperren"). Der massive Betonblock gibt den Schienen, die etwa einen Meter aus dem Block herausragen, ausreichende Stabilität, um jedes Fahrzeug - auch einen Panzer - zum Stehen zu bringen.

Vor Ort kann man die Messergebnisse sogleich in die reale Umgebung einbeziehen. Für den Leser haben wir Gelände und Georadarauswertung zusammengeführt.

Das „Tero Vido"-Messverfahren arbeitet mit den Unterschieden des Magnetfeldes zwischen der Erde und den durch Anomalien im Boden veränderten Magnetfeldern. Das irdische Magnetfeld induziert in allen Stoffen magnetische Eigenschaften. Das Objekt im Boden, das wir orten können, verändert die magnetische Flussdichte des Objektes selbst und weist somit zur Umgebung eine abweichende Dichte auf. Die Dichte ist aber abhängig vom Stoff, der magnetisiert wird. Je nach Art und Beschaffenheit ändern sich die gemessenen Werte. Das „Tero Vido 3D"-System nutzt also den magnetischen Dichte-Unterschied der Objekte im Boden, um diese über das Computerprogramm dreidimensional aufbereitet sichtbar zu machen.[35]

35 www.tero-vido.com

Oben: Die Höckerlinie (auch „Drachenzähne" genannt) im Vordergrund diente im Straßenbereich als Panzersperre und wurde jenseits der Straße wieder mit „Drachenzähnen" weitergeführt. Die heutige Asphalt-Straße ist breiter als die frühere Kopfsteinpflaster-Straße. Daher zeichnen sich die gescannten Flächen hervorragend in den unterschiedlichen Bereichen ab.

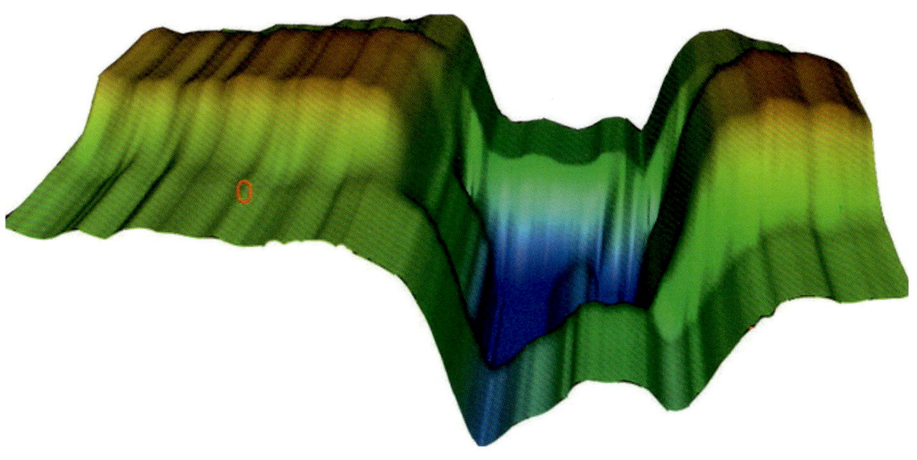

Im Erdfrequenz-Georadar von Tero Vido wird die Straße als erhobene Fläche (im Bild orange erhoben) dargestellt. Hierdurch kann man die Breite der Straße ableiten. Eisen wird in diesem Verfahren orange bis rotbraun dargestellt. Die Straße besteht aus den Feldsteinen, auf denen die alten Pferdewagen noch mit Eisenrädern rollten. Das Eisen wurde durch die Steine fein abgeschliffen. Die Straßenoberfläche besitzt also einen gewissen Metallanteil, der durch das Messverfahren sichtbar wird. Die Panzersperre selbst bewirkt auf dem elektronischen Frequenzbild eine Eindellung. Der Beton wirkt wie ein Widerstand, der die Frequenzen abschirmt. Dies wird im Bild in blau als massives Objekt angezeigt.

19. Auswertung einer Schachtsuche im Berliner Humboldt-Hain

Im Berliner Humboldt-Hain wurde zwischen dem Flakbunker und dem Leitbunker ein Versorgungsschacht für die Heizung gebaut.

Der Blick in den Tunnel zeigt die Heizleitungen im heutigen Zustand.

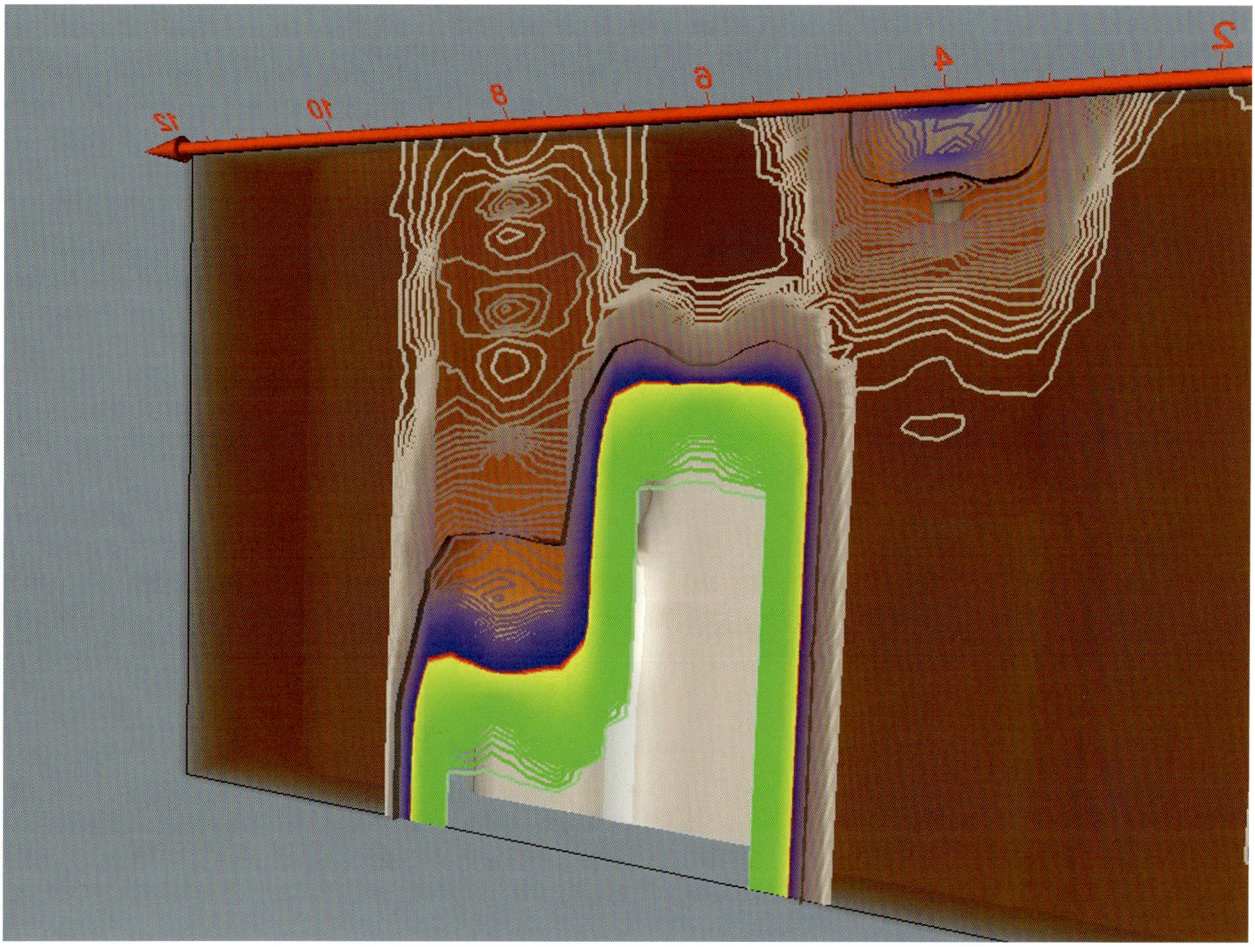

Ein Georadar-Scan quer über den Tunnel zeigt den Aufbau des Tunnels sehr deutlich. Es ist mit dem Georadar jederzeit möglich, Gänge und Hohlräume und - je nach Deckenstärke des verbauten Betons - auch Einbauten zu orten.

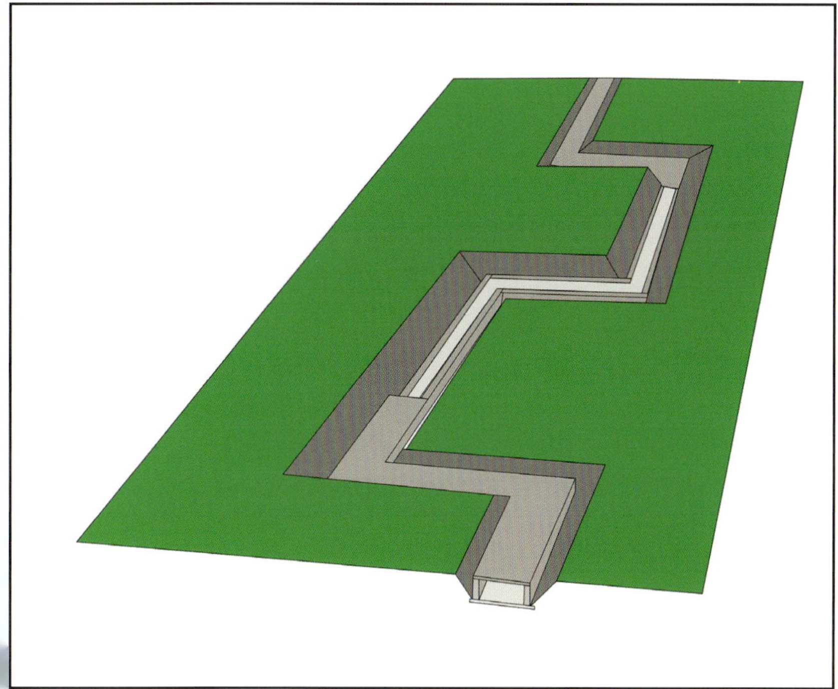

Der in Betonkastenbauweise durch den Humboldt-Hain verlaufende Tunnel wurde wegen der Wärmeausdehnung der darin befindlichen Rohre im Zickzack gebaut. Die grafische Darstellung zeigt den tatsächlichen Verlauf im Boden. Aus historischen Gründen haben wir auf das originale Luftbild verzichtet, um Vandalismus vorzubeugen (Zeichnung: Christel Focken. Die Autoren bedanken sich für die freundliche Unterstützung durch „Berliner Unterwelten e.V“).

20. Atombomben im Jonastal?

Die rote Linie zeigt die Messstrecke auf dem Weg am Hamster genannten Hügel.

Das Jonastal ist, wie schon beschrieben, eine Gegend in Deutschland, die vor Legenden und Mythen nur so strotzt – man kann es nicht anders ausdrücken. Von der Legende vom „Führerhauptquartier Olga" bis hin zu den Stollen und Lagern des Ersten und Zweiten Weltkrieges besitzen diese Legenden aber, wie so oft, einen Funken Realität. Manchmal aber sind sie auch nur reine Fiktion. Mit der neuen Georadartechnik wird es einfach, ohne teure Eingriffe und Grabungen in den Boden eine Untersuchung bis in eine Tiefe von 30 Metern (je nach Bodenart) durchzuführen. Diese neue Georadartechnik arbeitet auf der Basis eines „FMCW-Radars".[36]

Warum die offiziellen Stellen sich weigern, auf solche Untersuchungen, die auch noch kostenlos angeboten werden, zurückzugreifen, ist ein Teil der Thematik dieses Buches. Sollte nämlich die Legende um die Atombomben aus dem Deutschen Reich tatsächlich eben nicht nur eine an den Haaren herbeigezogene Wahnvorstellung von verschwurbelten Verschwörungstheoretikern und Spin-

36 *www.radartutorial.eu/02.basics/Ground%20penetrating%20radar.de.html.*

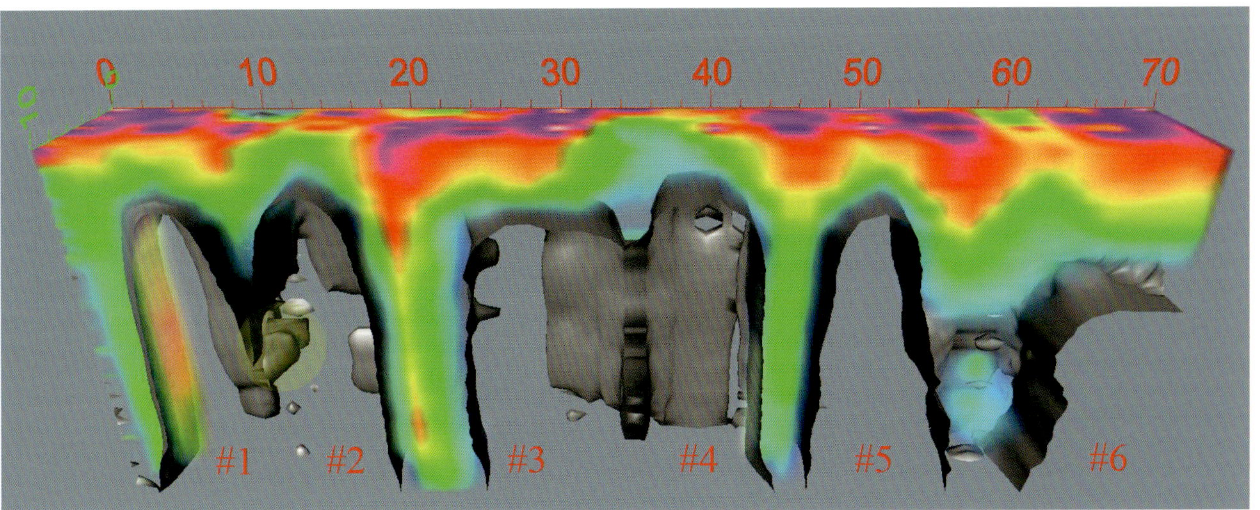

Aus einer anderen Perspektive, die vor allem die hier im Bild erkennbaren sechs parallelen Stollen (#1 bis #6) darstellt, zeigt sich hervorragend die Fähigkeit des Georadars, Stollen und Anomalien im Boden zu zeigen. Auch hier noch einmal der bombenähnliche Körper in der aufgehellten Fläche (Peter Lohr).

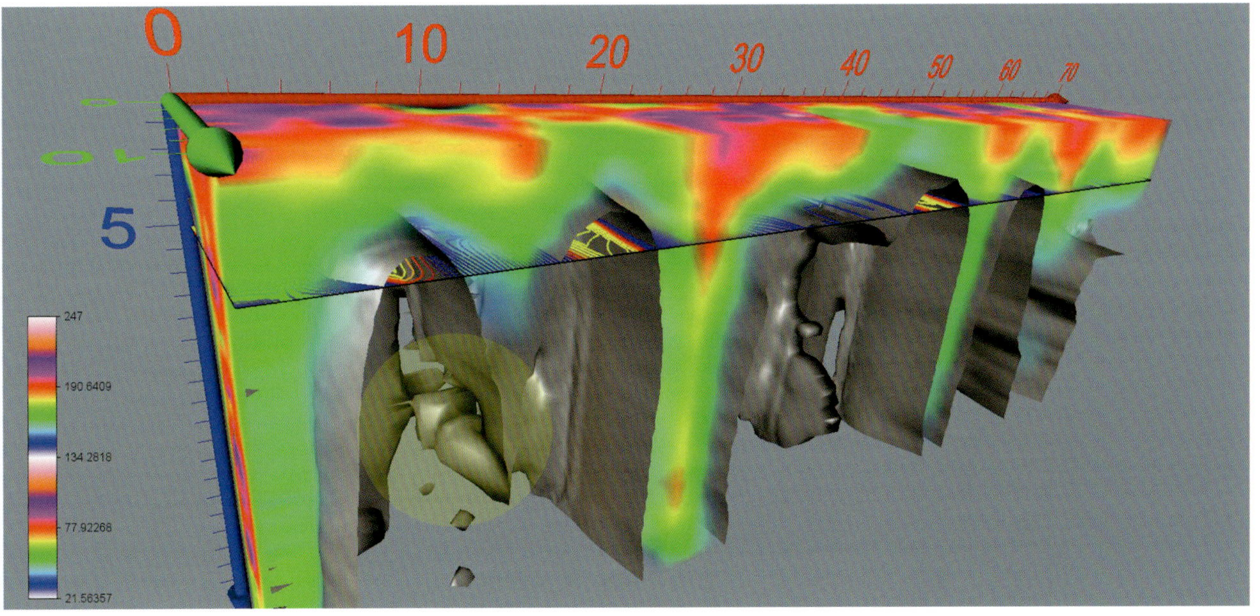

Auswertung der Georadarmessung. Im linken Stollen zeigt die Messung einen Körper, der einer Bombe des Zweiten Weltkrieges verblüffend ähnlich sieht (Peter Lohr).

Forstkarte aus dem Jahr 1943. Markiert sind die besonders wichtigen Zeichen des alten Bergwerkes, in dem die in den folgenden Georadarauswertungen gezeigten Anlagen zu suchen sind (rechte rote Fläche).

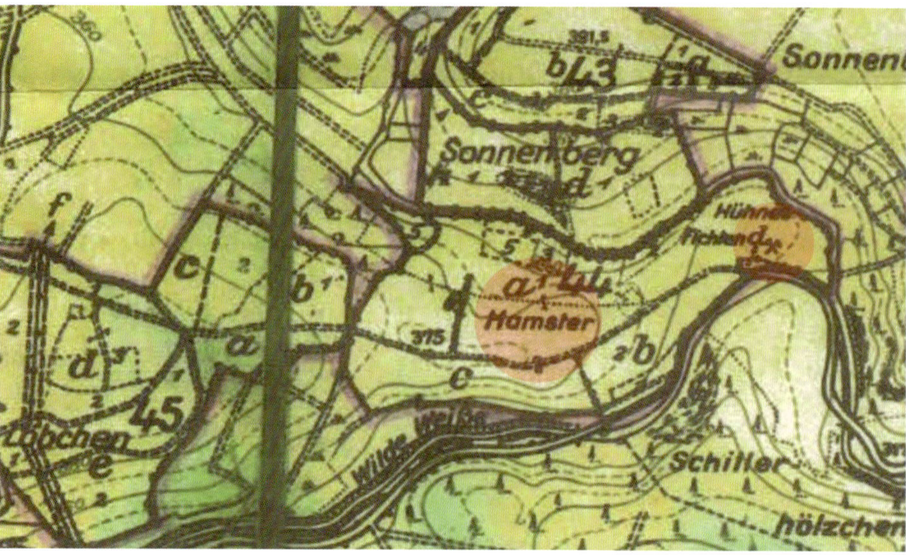

nern sein, sondern der Wahrheit entsprechen, können die Amerikaner nicht wollen, dass deutsche Forscher, ob privat oder von der öffentlichen Hand initiiert und finanziert, Hinweise auf deutsche Kernwaffen finden.

Die Sicht auf diesen bombenähnlichen Körper bei der Auswertung der Scans machte neugierig auf das, was sich dort eventuell noch im Boden befindet. Man darf bei den Auswertungen aber nicht bei einer gemachten Entdeckung verharren. Die Auswertungssoftware gibt dem Auswerter noch erheblich mehr Tools (Werkzeuge) in die Hand. Betrachtet man in der Auswertung nur die äußere Form dieses Objekts, das wir für einen Bombenkörper halten, so werden spätestens jetzt die Strukturlinien dieser Bombe alle Vermutungen über den Haufen werfen, die man hinsichtlich der äußeren Erscheinung einer herkömmlichen Bombe normalerweise hat.

Nahaufnahme des Bombenkörpers mit Strukturlinien (Peter Lohr).

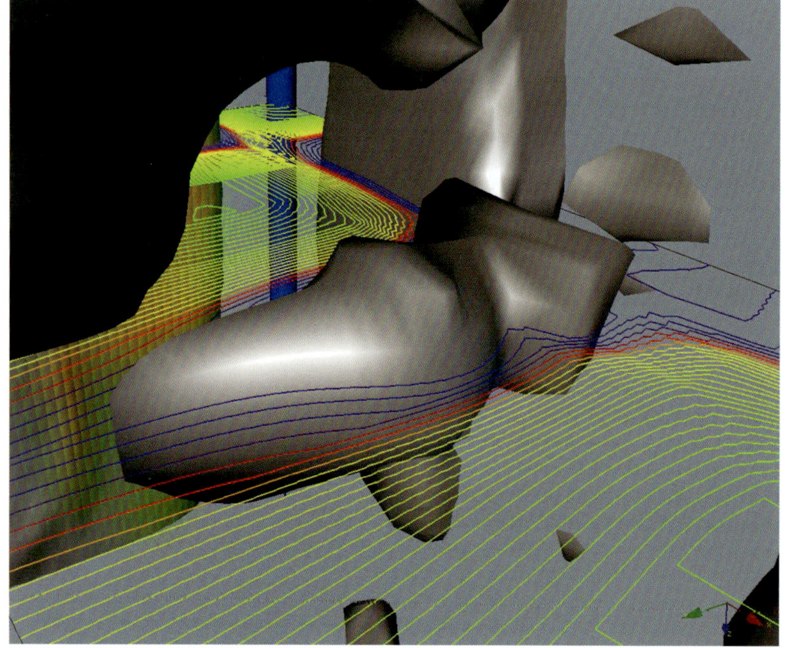

Die roten Vergleichslinien sind Annahmen und bieten einen Vergleich zwischen den beiden Uran-Massen(#2 und #3), die durch eine Initialzündung (#1) eines konventionellen Sprengstoffes aufeinandergepresst werden (Kanonenprinzip). Siehe Kapitel „Funktion einer Atombombe“.

Ein Vergleich mit einer konventionellen Bombe zeigt, dass es sich bei den am „Hamster“ gescannten Objekten definitiv nicht um Bomben handeln kann, wie man sie gemeinhin kennt. Eine konventionelle Bombe besteht aus einem stromlinienförmigen Körper. Die Form entscheidet maßgeblich über die Flugbahn nach dem Abwurf bis zum

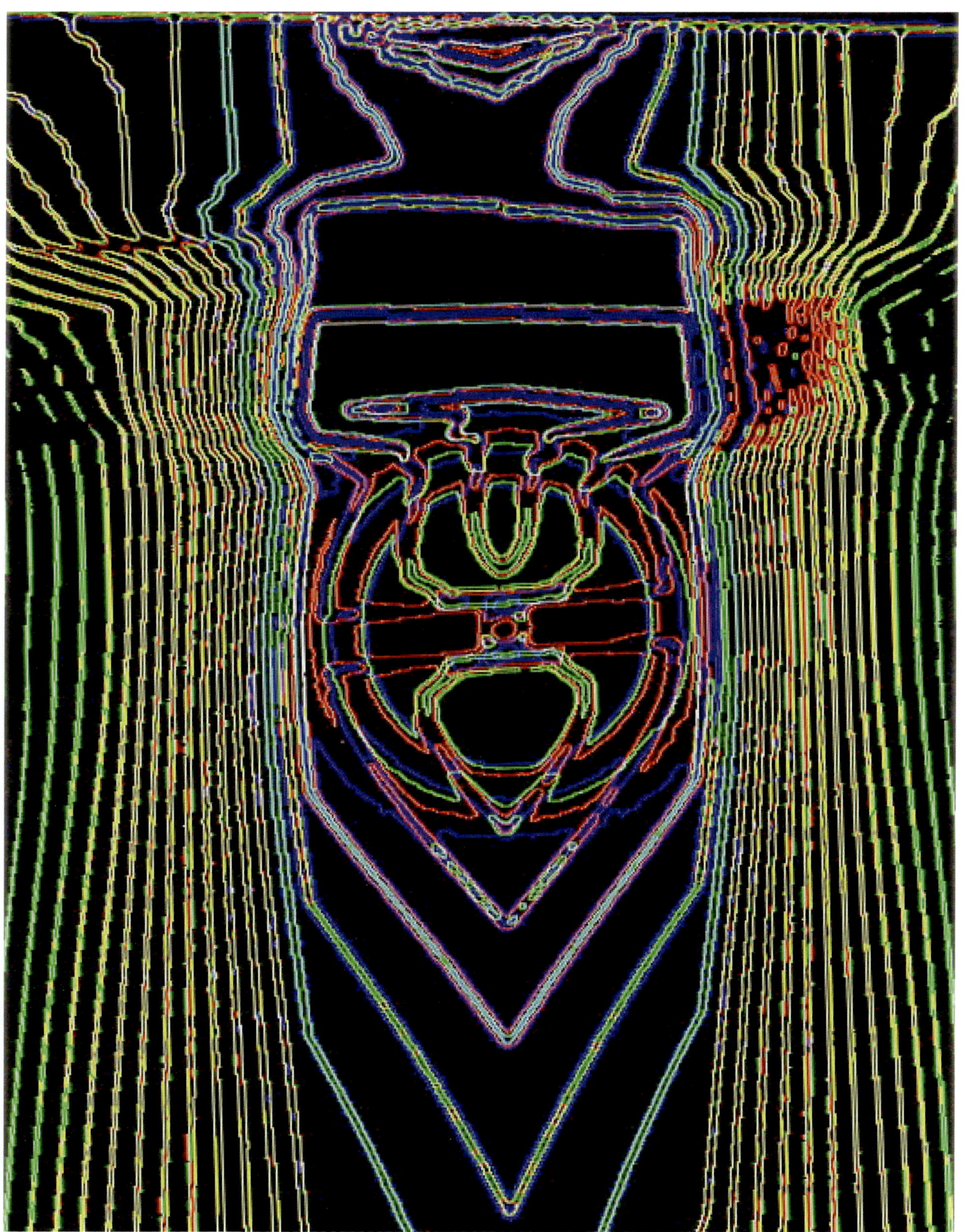

Auffächerung der Strukturlinien innerhalb des Bombenkörpers. Der untere Masseanteil ist die vermutete Hohlladung, mit der die beiden noch getrennten oberen Uranmassen zusammengeschossen werden (Peter Lohr).

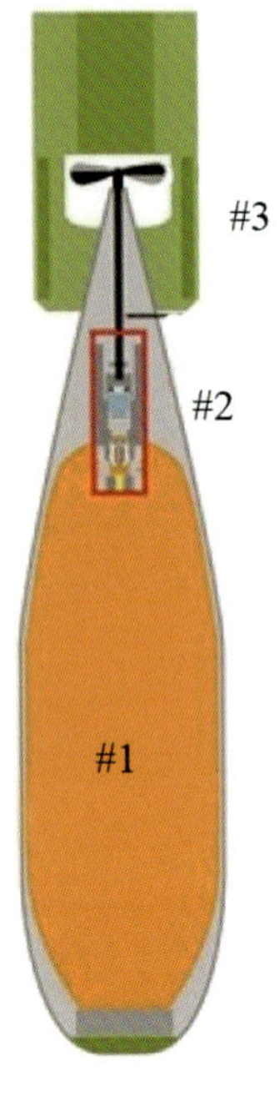

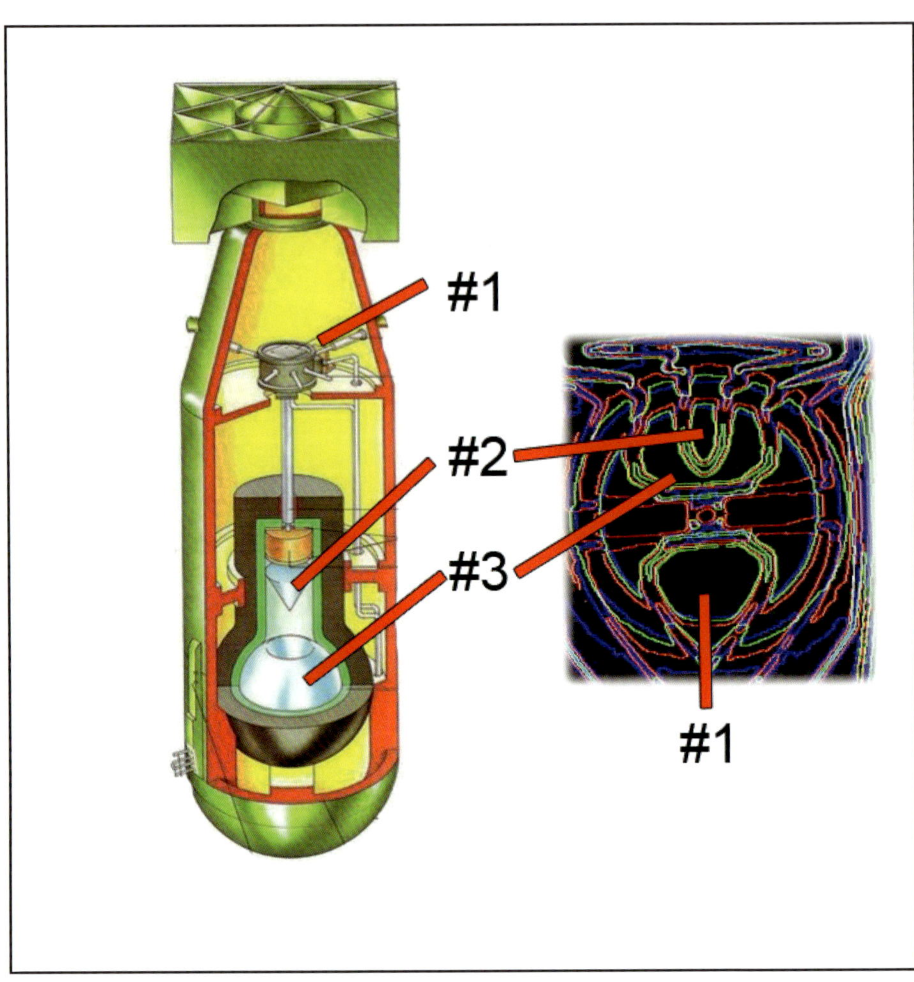

Links: Konventionelle deutsche Fliegerbombe: #1 Sprengstoff, #2 Zünder, #3 Leitwerk

Rechts: Vergleich des inneren Bombenkörpers mit der Aufbauskizze der „Little Boy"- Atombombe (Hiroshima). Die roten Vergleichslinien sind Annahmen und bieten einen Vergleich zwischen den beiden Uran-Massen(#2 und #3), die durch eine Initialzündung (#1) eines konventionellen Sprengstoffes aufeinandergepresst werden (Kanonenprinzip). Siehe Kapitel „Funktion einer Atombombe".

Aufschlag im Ziel. Es gibt Bombenkörper, die dafür konstruiert sind, tief in die Erde einzudringen und erst dann detonieren (bunker- bzw. panzerbrechende Bomben). Es gibt sogar Bomben wie die „Tallboy"-Bombe des britischen Ingenieurs Wallis, mit denen unter anderem 1944 das deutsche Schlachtschiff „Tirpitz" versenkt wurde oder die hochmodernen JDAM-Bomben der US-Air Force, die sogar schwerste Stahlbetondecken von mehreren Metern Dicke durchschlagen können. Die technische Herausforderung bei diesen Effektoren besteht darin, dass sie der ungeheuren kinetischen Belastung, die beim Einschlag in einem gehärteten Ziel entstehen, standhalten müssen, ohne dabei zerstört zu werden, denn der Zünder wird erst nach dem Einschlag aktiv, muss also noch intakt sein. Damit sind wir bei der zweiten nötigen Komponente in einer Bombe, dem Zünder. Je nach Einsatzziel sitzt der Zünder an der Spitze oder am Heck der Bombe. Der Zünder an der Bombenspitze ist meist ein Aufschlagzünder.

Er bringt die Bombe nach dem Kontakt mit dem Boden zur Zündung. Der Zünder kann aber auch „mit Verzögerung" eingestellt werden – je nachdem, wie tief sich die Bombe in den Boden bohren soll, bis der Zünder die Bombe auslöst. Der Zündvorgang kann also verzögert werden. Die dritte Komponente ist das Leitwerk. Das Leitwerk kann der Bombe während des Falls einen Drall um seine Längsachse geben, auf jeden Fall stabilisiert es die

Flugbahn. Dies klingt alles sehr simpel und wie eine Gebrauchsanweisung für eine Waschmaschine. Wir dürfen aber nie vergessen, dass diese Ausgeburt menschlicher Ingenieurskunst in der Lage ist, den Menschen unendliches Leid und Grauen zuzufügen.

Der Vergleich mit den im Jonastal gefundenen Körpern zeigt eindeutig, dass es sich nicht um konventionelle Bomben handeln kann.

Nachfolgend wurde versucht, die Konstruktion weiter zu entschlüsseln. Dazu wurden einzelne Strukturlinien nach den verschiedenen Farben und damit nach den wahrscheinlichen Konstruktionsformen dargestellt. Wir möchten jedoch bei den folgenden Interpretationen der Bilder darauf hinweisen, dass es sich dabei um reine Annahmen unsererseits handelt. Ob es wirklich solche Strukturen sind, darüber kann und wird sicherlich gestritten werden. Uns liegt jedoch daran, den Leser dazu zu animieren, sich selbst Gedanken über den möglichen Aufbau zu machen.
Das Georadar bietet bei der Auswertung der Strukturlinien eine unschätzbare Hilfe.Die einzelnen Farben weisen auf zusammenhängende Bereiche hin. Dies bedeutet, dass Strukturen gleicher Farbe auch Kanten gleicher Objekte sind.

Um für ein besseres Verständnis für unsere Deutungen der Konstruktion zu sorgen, haben wir uns entschlossen, die einzelnen Strukturlinien nach Farben und somit auch nach Konstruktionsformen darzustellen.

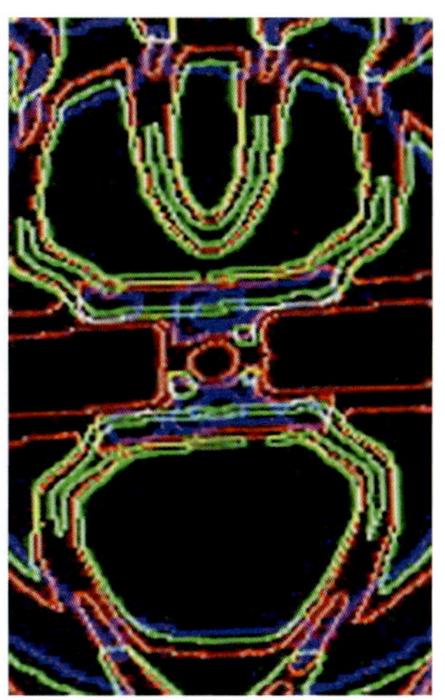

Die in der Strukturlinie gelb dargestellten Massen oberhalb der angenommenen Zwischenwand bzw. Befestigung (Bild rechts unten) stellt damit nach Bild Seite 73 die atomare Ladung dar, diejenige darunter den Sprengstoff (Peter Lohr).

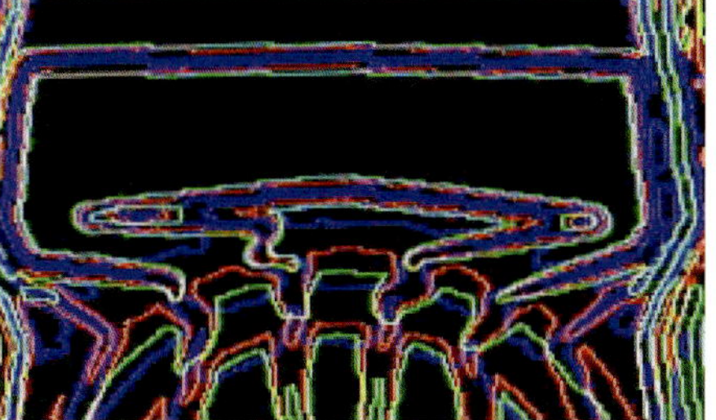

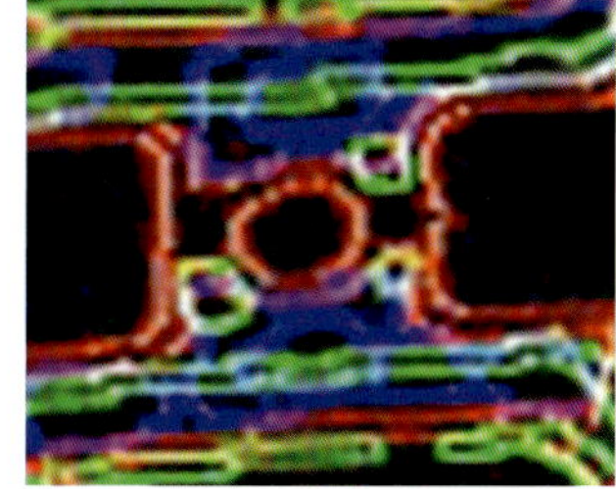

Mittelachse (Peter Lohr/ C. Focken).

Oberhalb des kugelförmigen Aufbaus befindet sich allem Anschein nach ein Leitwerk. In der Mitte ist ein ovaler Bereich erkennbar, den man bei der bekannten Bombenkonstruktion für den Fallschirm benötigte. Ein Fallschirm war erforderlich, um die Zeit bis zur Detonation hinauszuzögern und so dem abwerfenden Flugzeug genügend Zeit zu verschaffen, einen möglichst großen Abstand zur Druckwelle zu gewinnen (Peter Lohr).

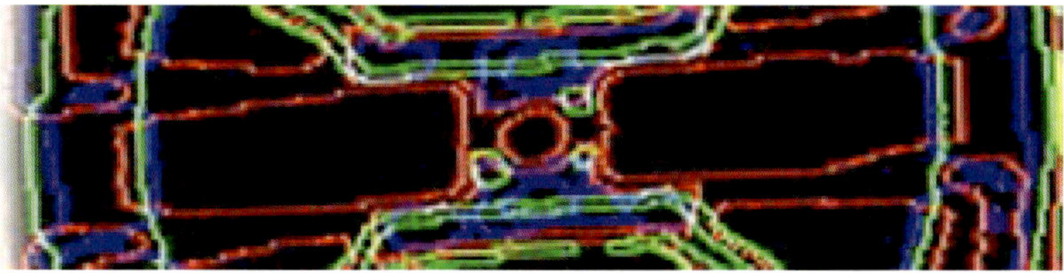

Hier wird eine Struktur deutlich, die vergleichbar mit einer Zwischenwand oder Befestigung ist (Peter Lohr/C. Focken).

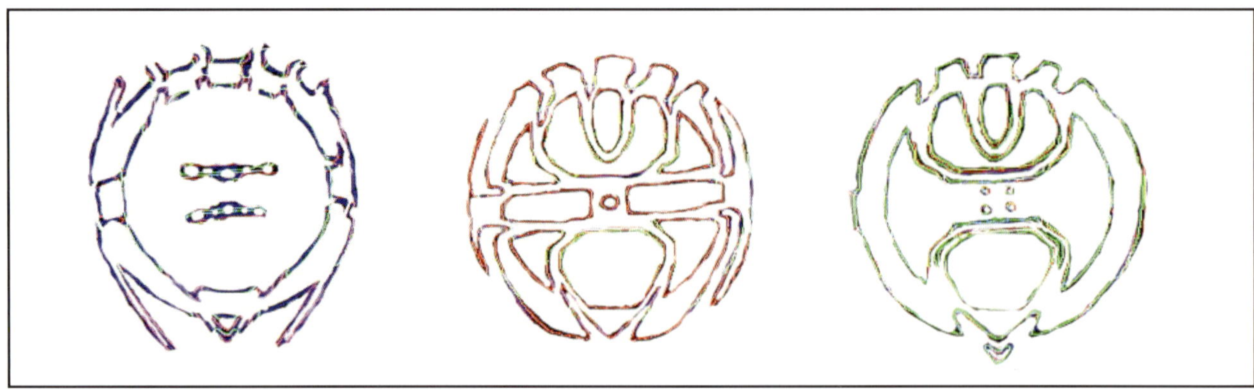

Nach den farbigen Strukturlinien aufgeteilt ergibt sich eine einfachere Zuordnung der einzelnen Baugruppen. Bei der runden Struktur in der Mitte könnte es sich um eine Achsenstruktur mit Befestigungen handeln.

Zum Abschluss dieses Kapitels zeigen wir noch einmal den gesamten Scan, der unsere Interpretation der Georadar-Erkenntnisse belegen soll.

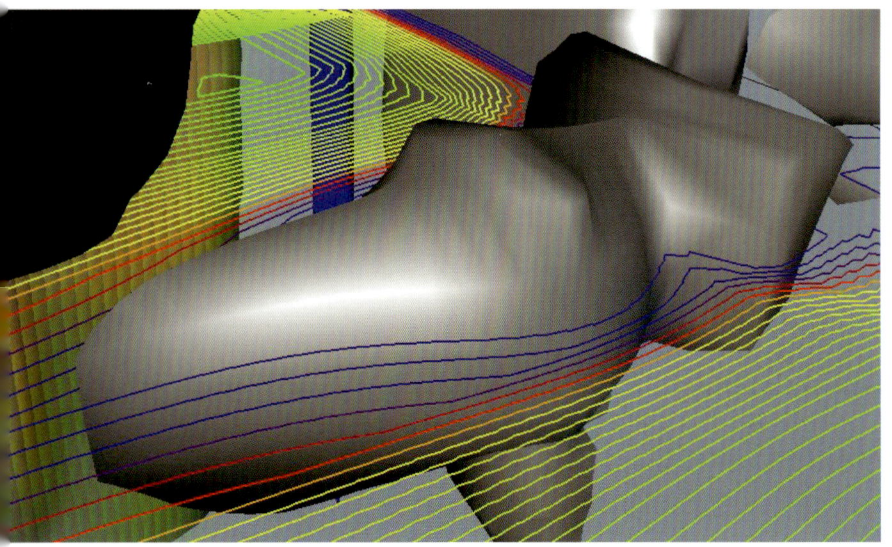

Nahaufnahmen des Bombenkörpers mit Strukturlinien (Peter Lohr)

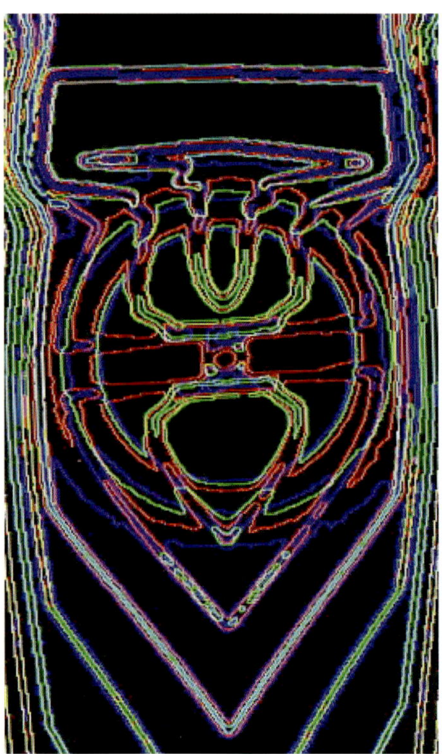

(Peter Lohr).

21. Primärbild der zweiten Messreihe

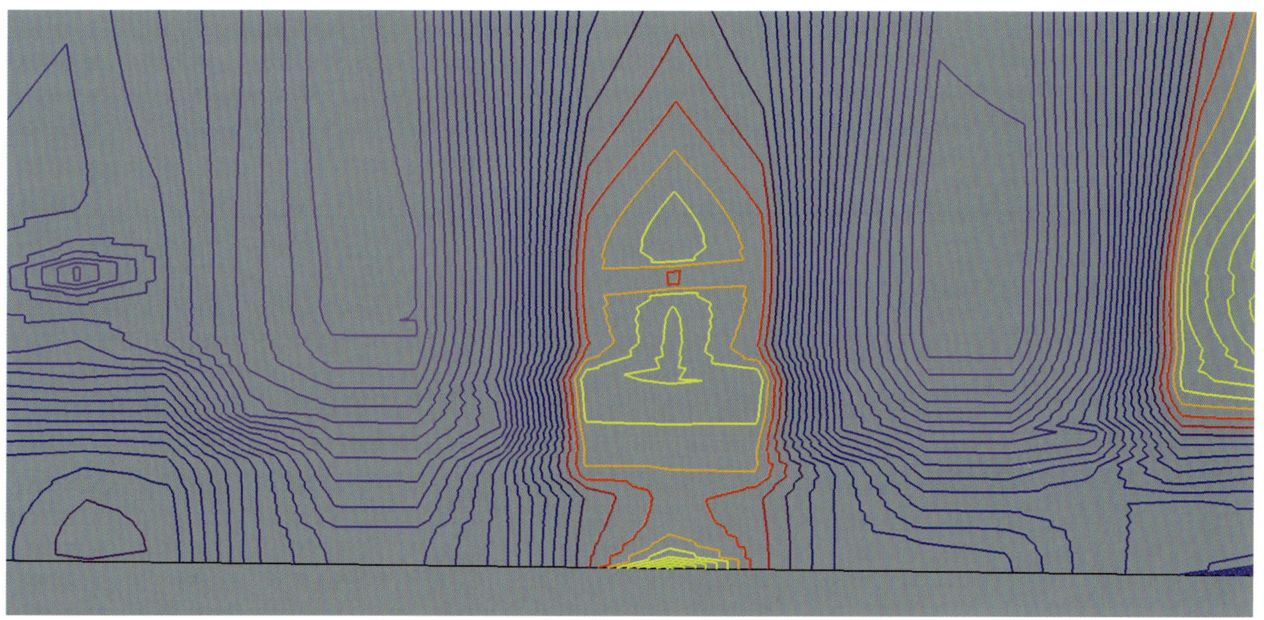

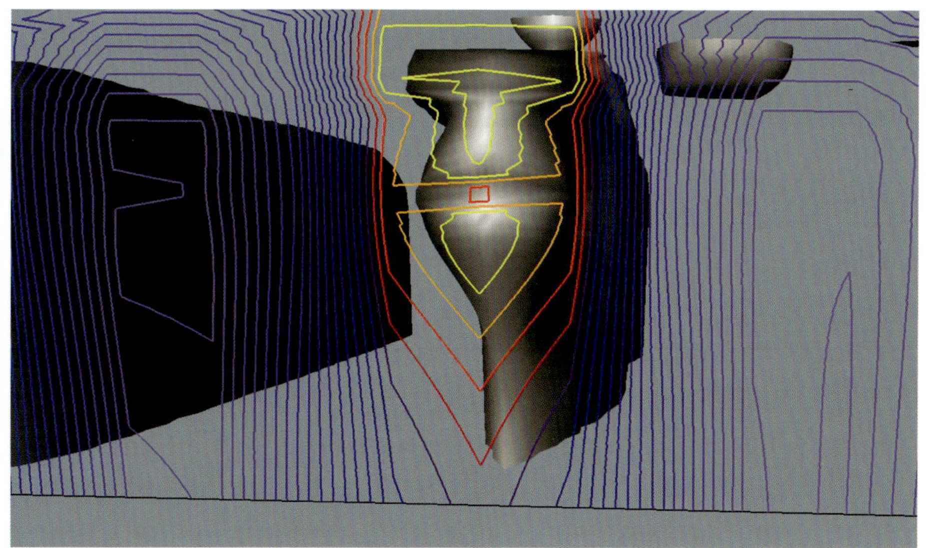

Oben: Spektrallinienebene der „Hamster"-Messung mit Einblendung des 3D-Körpers. Die einzelnen 3D-Formen, die sich aus der Messung vom 24. Oktober 2012 ergeben haben, sind auf den Bildern „3D-Auswertung" zu sehen. (Peter Lohr)

Links: Spektrallinienebene der „Hamster"-Messung mit Einblendung des 3D-Körpers. Die einzelnen 3D-Formen, die sich aus der Messung vom 24. Oktober 2012 ergeben haben, sind auf den Bildern „3D-Auswertung" zu sehen. Zu erkennen sind auch die rechts und links im nächsten Stollen liegenden Verdachtsobjekte. In der Gesamtauswertung sind sechs Objekte erkennbar. (Peter Lohr)

Mit der zweiten Messung am Hamster wurde die erste Messung bestätigt. Die Anomalien sind an den Farbübergängen von blau-grün nach gelb-rot erkennbar.
Diese Anomalien beginnen in ca. vier Metern Tiefe. Der Nachweis von tatsächlich vorhandenen unnatürlichen Bodenanomalien im oben genannten Bereich war damit erbracht. Die folgenden Bilder zur Spektrallinienebene entstanden als erste Ergebnisse der 3D-Auswertung der Messung vom 24. Oktober 2012 vom Waldweg „Hamster".

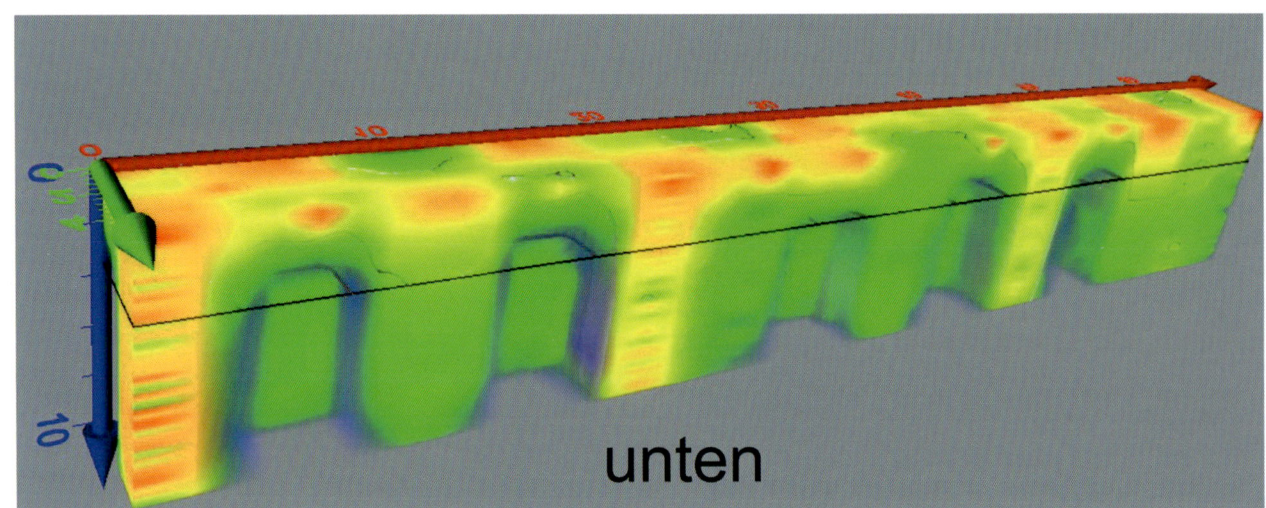

Im Bild „3D-Auswertung - Gesamtmessbereich" ist der gemessene Messbereich erkennbar, wobei die y-Achse (rot) die gemessene Weglänge der ca. 70 Meter darstellt. Die grüne Achse ist die Wegbreite, die blaue Achse zeigt die tatsächliche Tiefe. Damit beginnt die gemessene Hohlraumanomalie in etwa vier bis fünf Meter Tiefe. Die für die Aufbewahrung der gefundenen Objekte nötigen Hohlräume werden durch diesen Scan gut dargestellt. Im Scanbild mit der Bombe sind sechs Kammern zu erkennen. In dieser Darstellung, bei der die tieferen Bereiche aus der Berechnung entfernt wurden, soll nur der besonders wichtige Ausbau des Felsens und die eckige Struktur der Tunnel dargestellt werden. Dadurch ist die sechste Kammer, die im Bombenbild bereits tiefer liegt, nicht mehr sichtbar. (Peter Lohr)

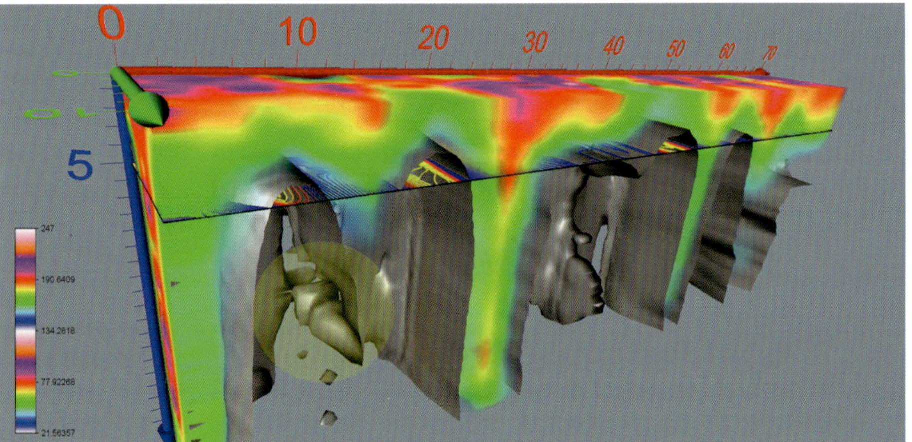

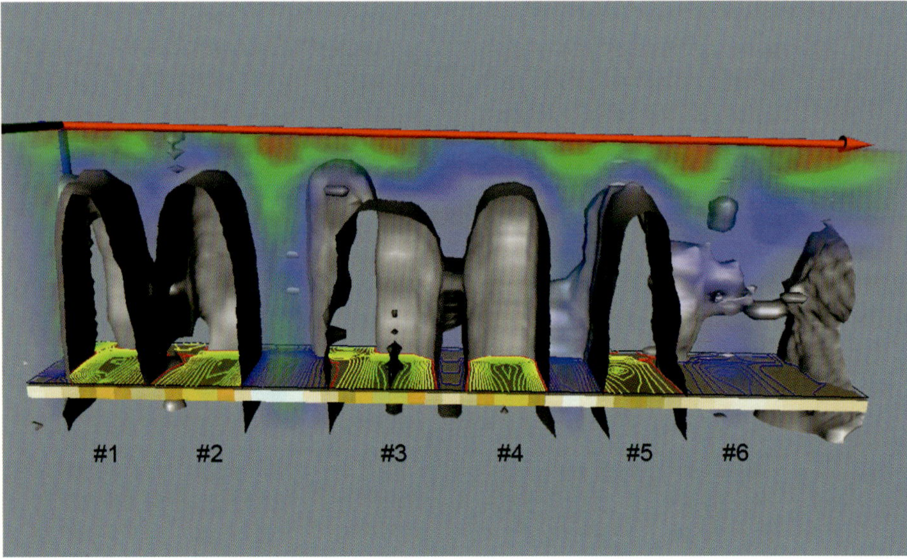

Betrachtet man die Spektrallinien innerhalb der sechs Kammern, so sind auch hier sechs Bombenkörper zu erkennen (siehe zum Vergleich das Bild Seite 77 unten. Wir danken Dipl.-Ing. Peter Lohr für die freundliche Bereitstellung der Scanauswertungen und Bilder).

22. Eine alternative Interpretation

Wie wir bei der Beschreibung der Georadarbilder betonten, ist eine eindeutige Interpretation des gescannten Körpers nicht zu belegen. Wir sind aber davon fest überzeugt, dass es sich keinesfalls um eine konventionelle Bombenkonstruktion handeln kann. Der wahrscheinlichste Ansatz ist für uns der, dass es sich hier um eine Atombombe handelt. Das Autorenkollegium entdeckte aber noch eine weitere Funktionsweise, die in Frage kommt.

Um das Konzept dieser Waffe zu verstehen, müssen wir uns in den Untergrund, nämlich in Bergwerksstollen, begeben. Wer sich mit der Geschichte von Bergwerken beschäftigt, dem fällt auf, dass es immer wieder zu starken Explosionen, besonders in Kohlebergwerken kommt. Schlagwetter- und Kohlestaubexplosionen in verschiedenen Gruben, wie 1906 in der Grube Courrierès mit 1.099 Toten, in der Grube Minister Stein 1942 mit 131 Toten und 1962 in der Grube Luisenthal mit 299 Toten zeigen die verheerende Kraft solcher Explosionen. Dies waren alles Kohlestaubexplosionen, die wegen ihrer Wucht das Militär zu interessieren begann.

Eine Kohlenstaubexplosion ist die im Kohlebergbau zurecht äußerst gefürchtete explosive Reaktion von Kohlenstoffpulver mit Luftsauerstoff: Es kommt zu einer Staubexplosion. Eine solche kann auch ausgelöst werden, wenn anderweitig aufgewirbelter und in einem geschlossenen Raum fein verteilter Kohlenstaub durch Funken, erhitzte Geräteteile oder ähnliches mit Luftsauerstoff reagiert.

Kohlenstoffpulver und Sauerstoff gehen also ein explosives Gemisch ein, und es reicht ein Zündfunken aus, um dieses gefährliche Amalgam zur Explosion zu bringen.
Der österreichische Physiker Mario Zippermayr (1899 bis 1979) diente seit Kriegsausbruch 1939 bei der Luftwaffe. Ab 1942 baute er ein Forschungsinstitut auf. Dort beschäftigte er sich zusammen mit einer Gruppe von 35 Mitarbeitern in Wien und Lofer (Tirol) mit der Entwicklung einer „thermobaren oder thermobarischen Bombe“. Man nennt einen solchen Bombentyp auch „Vakuumbombe“ oder „Aerosolbombe“. Bleiben wir im Folgenden bei einem Begriff und nennen diese Waffe eine „Vakuumbombe“. Ihr Wirkungsprinzip wurde den oben beschriebenen Kohlestaubexplosionen in Bergwerken nachempfunden. Ein erster Test wurde mit 60 Kilogramm eines Gemisches aus Kohlenstaub und flüssigem Sauerstoff in der Nähe von Wien durchgeführt. Dabei gingen laut Rainer Karlsch noch auf eine Entfernung von 1,5 Kilometer Fensterscheiben zu Bruch.

Auch die Alliierten bekamen Informationen über diese Bombenart, wie nachfolgende Seiten eines BIOS-Berichtes (British Intelligence Objective Sub-Commitee) zeigen:

(g) Liquid air bomb

As the research on the atomic bomb under Graf von Ardenne and others was not proceeding as rapidly as had been hoped in 1944, it was decided to proceed with the development of a liquid air bomb. Experiments using ordinary powdered coal were not at all successful, but extremely good results were obtained from a mixture consisting of 60% finely powdered dry brown coal and 40%

liquid air. The technical man responsible for this work was Dr. Zippelmeier. The first trial was made on the Döberitz grounds near Berlin using a charge of about 8 kg of powder in a thin tin plate container. The liquid air was poured on to the powder, and the two were mixed together with a long wooden stirrer. Krautzfeld did this himself, and was present at the ensuing test. In an area of radius 500 to 600 metres trees etc. were all completely destroyed. Thereafter the explosion started to rise and only the tops of the trees were affected, although the intensive explosion covered an area 2 km. in radius. Zippelmeier then had the idea that a better effect might be obtained if the powder was spread out in the form of a cloud before the explosion. Trials were made with a paper container impregnated with some waxy substance. A metal cylinder was attached to the lower end of this container and hit the ground first, dispersing the powder. After a short time interval of the order of 1/4 second a small charge in the metal cylinder exploded and ignited the dark funnel shaped dust - liquid air cloud. The bombs had to be filled immediately prior to the departure of the aircraft. Bombs with charges of 25 and 50 kg. of powder were dropped on the Starbergersee, and photographs of the explosion were taken. Standartenführer Klumm kept a photograph of the result and showed it to Brandt (Himmler's personal adviser). The intensive explosion covered an area 4 to 4.5 km. radius, and the explosion was still felt on a radius 12.5 km. When the bomb was dropped on an airfield, much destruction was caused 12 km. away, and all the trees on a hillside 5 to 6 km. away were flat. On a radius of 12.5 km. only the tops of the trees were destroyed.

A Dr. Kahmenkamp was also concerned in this work with Dr. Zippelmeier, and both scientists were working for the R.L.M. in the laboratories of a research institute near Vienna. About the end of September 1944 Zippelmeier was moved to the Horn Gyroscopic compass factory in Plauen, Vogtland (Saxony), but was probably evacuated before the Russians occupied the area. The materials of the explosive were made by the specialists of the Nobel company.

S E C R E T

INFORMATION OBTAINED FROM TARGETS OF OPPORTUNITY IN THE SONTHOFEN AREA

Reported by

F/Lt H.H.G. Daniels
and
F/Lt R.L. Bickerdike
MAP, RAE

BIOS Target Numbers
C 28/8.211, C 25/549, C 6/137, C 30/338,
C 4/268, C 22/2182, C 21/601

BRITISH INTELLIGENCE OBJECTIVES SUB-COMMITTEE
32 Bryanston Square, London, W.1.

Oben: Liquid air Bomb (Vakuumbombe; BIOS Report Number 142).

Rechts: Deckblatt des Reports, in dem die Arbeit von Dr. Zippermayr erwähnt wird (BIOS Final Report 142).

Der obige BIOS-Report beschreibt die Zusammensetzung der Bombe aus 60 Prozent feinem Braunkohlestaub und 40 Prozent flüssiger Luft. Beschrieben wird die Herstellung und die Versuche mit 25 und 50 kg-Bomben über dem Starnbergersee. Die starke Explosion bestrich einen Radius von 4 bis 4,5 Kilometer und war bis zu einem Radius von 12,5 Kilometer spürbar. Der Abwurf auf einen Flugplatz ergab Zerstörungen in einem Radius von zwölf Kilometer. Diese Zahlen zeigen die außergewöhnliche Vernichtungskraft einer solchen Bombe. Angeblich kam dieser Bombentyp über die Erprobungsphase bis zum Kriegsende aber nicht hinaus.

23. Produktionsstätte der Vakuumbombe

Der folgende Bericht eines Kriegsgefangenen vom 17. Oktober 1944 beschreibt jedoch etwas Anderes.

Da die uns vorliegende Kopie sehr schwer lesbar ist, zitieren wir die wichtigsten Aussagen:

Der Kriegsgefangene war Fahrdienstleiter bei der Deutschen Reichsbahn in Österreich (im damaligen NS-Sprachgebrauch nach dem „Anschluß" von 1938: „Ostmark"). Die nachfolgenden Informationen sind eine Zusammenfassung seiner eigenen Beobachtungen des Zugverkehrs bis Februar 1944 sowie seiner Besuche in der Einrichtung aufgrund seiner beruflichen Tätigkeit, ferner seiner Gespräche mit Freunden und Bekannten, die über Informationen über diese Fabrik verfügten.

Im September und noch Anfang Oktober 1943 bemerkte der Kriegsgefangene einen beispiellosen Anstieg des Schienenverkehrs zwischen Redl-Zipf , Stadl-Paura, Ebensee und Lenzing, Orte, die alle im Salzkammergut liegen. Der Mittelpunkt der gesamten Aktivitäten waren die ehemaligen Brauereikeller der Brauerei in Redl-Zipf.

Der Kriegsgefangene beschreibt anschließend den Ausbau der ehemaligen Brauereikeller und geht auf die zuständigen Ingenieure ein. Wichtiger für unsere Betrachtung ist die jedoch die Beschreibung dessen, was in dieser Anlage hergestellt wurde.

Dieses Produkt nannten die Arbeiter „flüssige Luft" (liquid gas/liquid air). Es

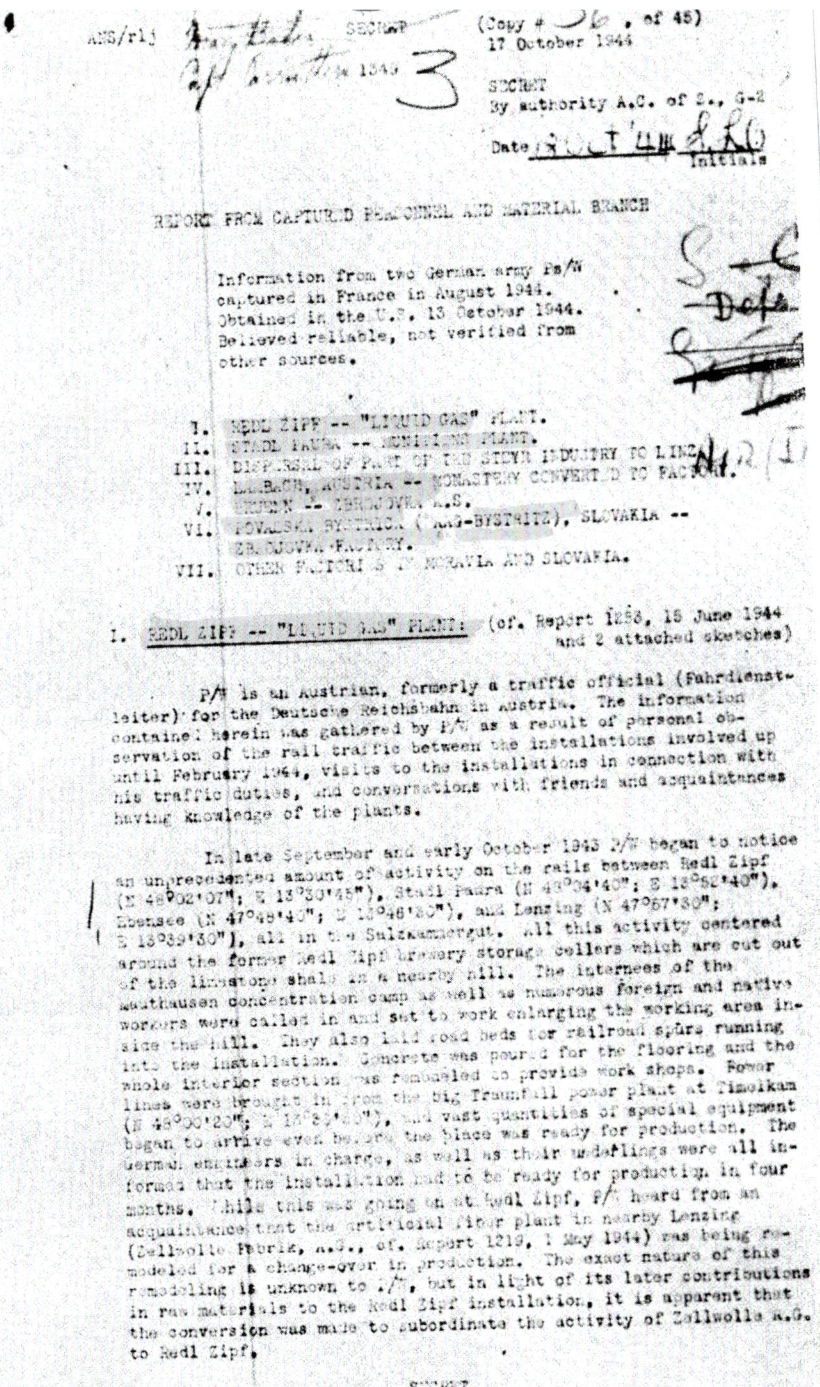
ANS/rlj SECRET (Copy # 36, of 45)
17 October 1944

1349 3

SECRET
By authority A.C. of S., G-2

Date [illegible] Initials

REPORT FROM CAPTURED PERSONNEL AND MATERIAL BRANCH

Information from two German army Ps/W
captured in France in August 1944.
Obtained in the U.S. 13 October 1944.
Believed reliable, not verified from
other sources.

I. REDL ZIPF -- "LIQUID GAS" PLANT.
II. STADL PAURA -- MUNITIONS PLANT.
III. DISPERSAL OF PART OF THE STEYR INDUSTRY TO LINZ.
IV. LAMBACH, AUSTRIA -- MONASTERY CONVERTED TO FACTORY.
V. BRUENN -- ZBROJOVKA A.S.
VI. POVAZSKA BYSTRICA (WAAG-BYSTRITZ), SLOVAKIA --
ZBROJOVKA FACTORY.
VII. OTHER FACTORIES IN MORAVIA AND SLOVAKIA.

I. REDL ZIPF -- "LIQUID GAS" PLANT: (cf. Report 1253, 15 June 1944
and 2 attached sketches)

P/W is an Austrian, formerly a traffic official (Fahrdienstleiter) for the Deutsche Reichsbahn in Austria. The information
contained herein was gathered by P/W as a result of personal observation of the rail traffic between the installations involved up
until February 1944, visits to the installations in connection with
his traffic duties, and conversations with friends and acquaintances
having knowledge of the plants.

In late September and early October 1943 P/W began to notice
an unprecedented amount of activity on the rails between Redl Zipf
(N 48°02'07"; E 13°30'45"), Stadl Paura (N 48°04'40"; E 13°52'40"),
Ebensee (N 47°48'40"; E 13°46'30"), and Lenzing (N 47°57'30";
E 13°39'30"), all in the Salzkammergut. All this activity centered
around the former Redl Zipf brewery storage cellars which are cut out
of the limestone shale in a nearby hill. The internees of the
Mauthausen concentration camp as well as numerous foreign and native
workers were called in and set to work enlarging the working area in-
side the hill. They also laid road beds for railroad spurs running
into the installation. Concrete was poured for the flooring and the
whole interior section was remodeled to provide work shops. Power
lines were brought in from the big Traunfall power plant at Timelkam
(N 48°00'20"; E 13°[illegible]"), and vast quantities of special equipment
began to arrive even before the place was ready for production. The
German engineers in charge, as well as their underlings were all in-
formed that the installation had to be ready for production in four
months. While this was going on at Redl Zipf, P/W heard from an
acquaintance that the artificial fiber plant in nearby Lenzing
(Zellwolle Fabrik, A.G., cf. Report 1219, 1 May 1944) was being remodeled for a change-over in production. The exact nature of this
remodeling is unknown to P/W, but in light of its later contributions
in raw materials to the Redl Zipf installation, it is apparent that
the conversion was made to subordinate the activity of Zellwolle A.G.
to Redl Zipf.

SECRET

Erste Seite des Vernehmungsprotokolls vom 17. Oktober 1944.

soll sich dabei um eine Art Sprengstoff gehandelt haben. Der Kriegsgefangene zählte nun die Grundsubstanzen auf, die er den Frachtpapieren entnehmen konnte:
Große Mengen an Kohle
Bauxit
Blei
Beryllium
Wolfram
Lauge von der Firma „Zellwolle“ in Lenzing und aus Ebensee
Thorium aus Ungarn und vom Balkan
Kolophonium aus Ungarn
Chlorzont (?) aus Ebensee

Der Kriegsgefangene betonte dabei, dass die Kohle nicht zum Heizen benutzt wurde, da die gesamte Energieversorgung elektrisch durchgeführt wurde. Die im weiteren Verlauf aufgeführten Substanzen könnten zur Steigerung der Explosivwirkung verwendet worden sein. So schreibt Karlsch in einem Beitrag über die Vakuumbombe in der „Frankfurter Allgemeinen Zeitung“ (FAZ), auf den wir weiter unten noch eingehen werden, dass die Reaktionstemperatur durch beigemengte Aluminium-, Zirkonium- oder Titanpartikel und zusätzliche Sauerstoffträger noch gesteigert werden kann. Das fertige Produkt wurde an die Munitionsfabrik in Stadl- Paura geschickt. „Liquid air“ als Produkt und der von Zippermayr benutzte Begriff „liquid air bomb“, wie im BIOS Report beschrieben, hören sich sehr verwandt an. Bevor wir daraus aber weitere Schlüsse ziehen, präsentieren wir einige zusätzliche Informationen zu den Anlagen aus anderen offiziellen Quellen:

Redl-Zipf hatte den Decknamen „Schlier“. Dort wurden Teststände für die V2- Raketenantriebe gebaut und erprobt. Außerdem wurde hier Flüssigsauerstoff erzeugt, eine Grundlage für den Treibstoff der V2. Sieben Kompressoren erzeugten 75 Tonnen Flüssigsauerstoff pro Tag. Dieser Treibstoff diente nicht nur der Versorgung der Teststände, sondern wurde auch in Spezialwaggons zu den V2-Abschussbasen transportiert.[37] Stadl-Paura war nach offiziellen Angaben ein Truppenübungsplatz und im Krieg eine Lufthauptmunitionsanstalt (LHMa) der Wehrmacht.[38] Die Hauptaufgabe dieser Lufthauptmunitionsanstalten bestand in der Herstellung von feldbrauchbarer Munition aus scharfen und unscharfen Munitionsteilen sowie die Fertigung der erforderlichen Teile und deren Zusammenbau.[39] Diese Informationen, noch dazu aus offiziellen Quellen, bestätigen damit die Aussagen des Kriegsgefangenen, jedenfalls in Bezug auf die Örtlichkeiten und deren Aufgaben. Dass in Redl-Zipf nicht nur Tests mit Raketenmotoren durchgeführt, sondern auch flüssiger Sauerstoff produziert wurde, kann man aus den angelieferten Grundsubstanzen und dem Transport der fertigen Produkte in die LHMa in Stadl-Paura schließen. Damit kommen wir zu der Vakuumbombe Zippermayrs zurück. Wie oben bereits beschrieben, besteht diese aus zwei Hauptkomponenten, nämlich aus flüssigem Sauerstoff und Kohlenstaub. Beides wird in den erwähnten Unterlagen genannt: Kohle wurde angeliefert und in der Anlage verarbeitet und flüssiger Sauerstoff vor Ort produziert. Beides gelangte dann zur LHMa in Stadl-Paura, woraus dann die spezielle Munition hergestellt wurde.

37 Nach Freund, Florian, Arbeitslager Zement. Wien 1989.
38 www.bundesheer.at
39 www.muna-grebenhain.de/geschichte.html

24. Aufbau der Vakuumbombe

Beschäftigen wir uns als Nächstes wieder mit dem Aufbau der Bombe, wie diese auf dem Georadarbild dargestellt wird.

Zur Verdeutlichung des Aufbaus wurde der Zünder entfernt, wodurch die Symmetrie besser sichtbar wird. In der Bombe selbst befinden sich zwei Behälter, kenntlich gemacht durch die Ziffern 1 und 2. Der eine ist für den Kohlenstaub (mit den möglichen Beimischungen), der andere ist mit flüssigem Sauerstoff gefüllt. Mit dem Sprengsatz, der sich im Behälter 1 befindet, wird die Bombe gezündet. Durch die Kugelform wird eine möglichst verlustlose Abstrahlung der Explosionswelle in den Explosionsraum erreicht.

Georadarbild/ Querschnitt der gemessenen Bombe im Jonastal („Hamster"; Peter Lohr)

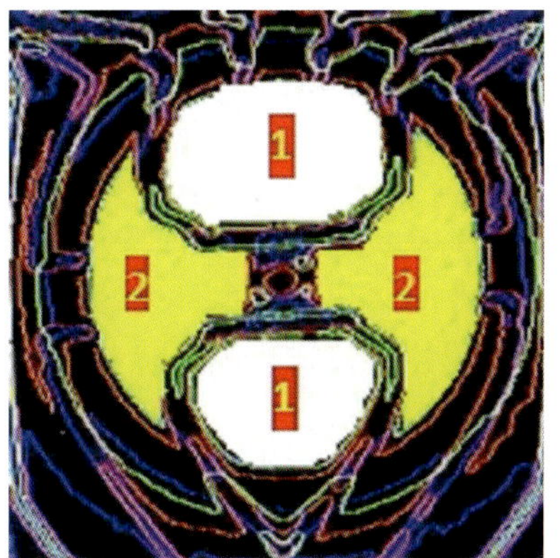

Die Mitte der Bombe ohne Zünder; der Behälter ist hervorgehoben (Peter Lohr/Zeichnung: Rolf Günter Hauk).

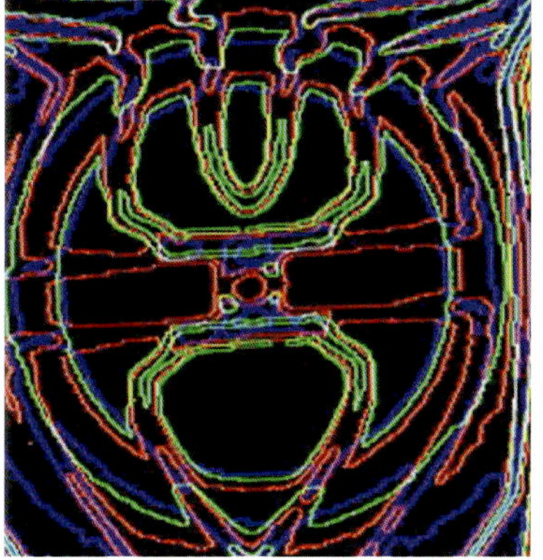

Die Mitte der Bombe mit den angenommenen Behältern (Peter Lohr).

25. Auswirkung auf heutige Kriege

Durch den verheerenden Bürgerkrieg in Syrien gelangte die Vakuumbombe wieder ins Blickfeld der Medien. Am 22. Juli 2007 veröffentlichte die FAZ einen Bericht von Rainer Karlsch mit dem Titel „Großvaters Vakuumbombe“. Er verweist in seinem Artikel auf den Erfinder dieses Bombentyps, den uns schon bekannten Zippermayr. Die von den in Syrien zur Unterstützung des Diktators Bashir al-Assad dislozierten russischen Streitkräfte setzten eine solche Bombe ein - wie das russische Militär vermeldete: „die stärkste konventionelle Bombe der Welt“. Karlsch erwähnt jedoch Geheimdienstdokumente in den USA, in denen behauptet wird, dass die deutsche Wehrmacht bei Kriegsende bereits über solche Bomben verfügt haben soll. Als Produktionsort wird in dieser Quelle ein Werk nahe Nordhausen angegeben. Die Bomben hatten angeblich ein Gewicht von fünf Tonnen. Amerikaner, Sowjets und andere Staaten entwickelten diese Bombe mit dem Wissen aus Deutschland nach dem Krieg weiter, und so entstand die in Syrien eingesetzte russische Bombe. Ein im Internet vorhandener Clip[40] zeigt den Abwurf einer solchen Bombe über Syrien.

Interessant ist der Aufbau der Bombe: Während der Zündmechanismus an der Bombenspitze montiert ist, befindet sich in einem Rohr in ihrem Zentrum die sogenannte „Zerlegladung“ und um diese herum die „Wirkladung“, das Aerosol. Das Heck beherbergt den Behälter für den Brems- und Stabilisierungsschirm. Bei einer Höhe von sieben bis neun Metern über dem Boden wird die Bombe gezündet, die Zerlegladung wird aktiviert und die Wirkladung erzeugt eine Aerosolwolke. Nach einer kurzen Verzögerung wird diese zur Detonation gebracht. Die Explosionsstärke beträgt ca. 1.000 Kilogramm TNT (Tri-Nitro-Toluol).[41]

Zusammengefasst

Eine Vakuumbombe wie die von Zippermayr entwickelte ist in ihrer Wirkung mit einer kleinen Atombombe vergleichbar. Nachgewiesen ist, dass eine solche Waffe in Deutschland entwickelt wurde. Das ist den oben zitierten Zeugenaussagen zu entnehmen. Die Interpretation der Georadaraufnahme ergibt eine Bombe mit zwei Kammern und einem Zünder und kommt damit dem Aufbau einer Vakuumbombe nahe. Daher ist dies eine mögliche Erklärung für die Funktionsweise der im Jonastal aufgespürten Bombe.

40 http://videos.huffingtonpost.de/news/russischer-odab-500-sprengkopf-vakuumbombe-faellt-auf-idlib-was-folgt-ist-keine-detonation-sondern-diese-aufnahmen_id_5941551.html

41 https://de.wikipedia.org/wiki/ODAB-500

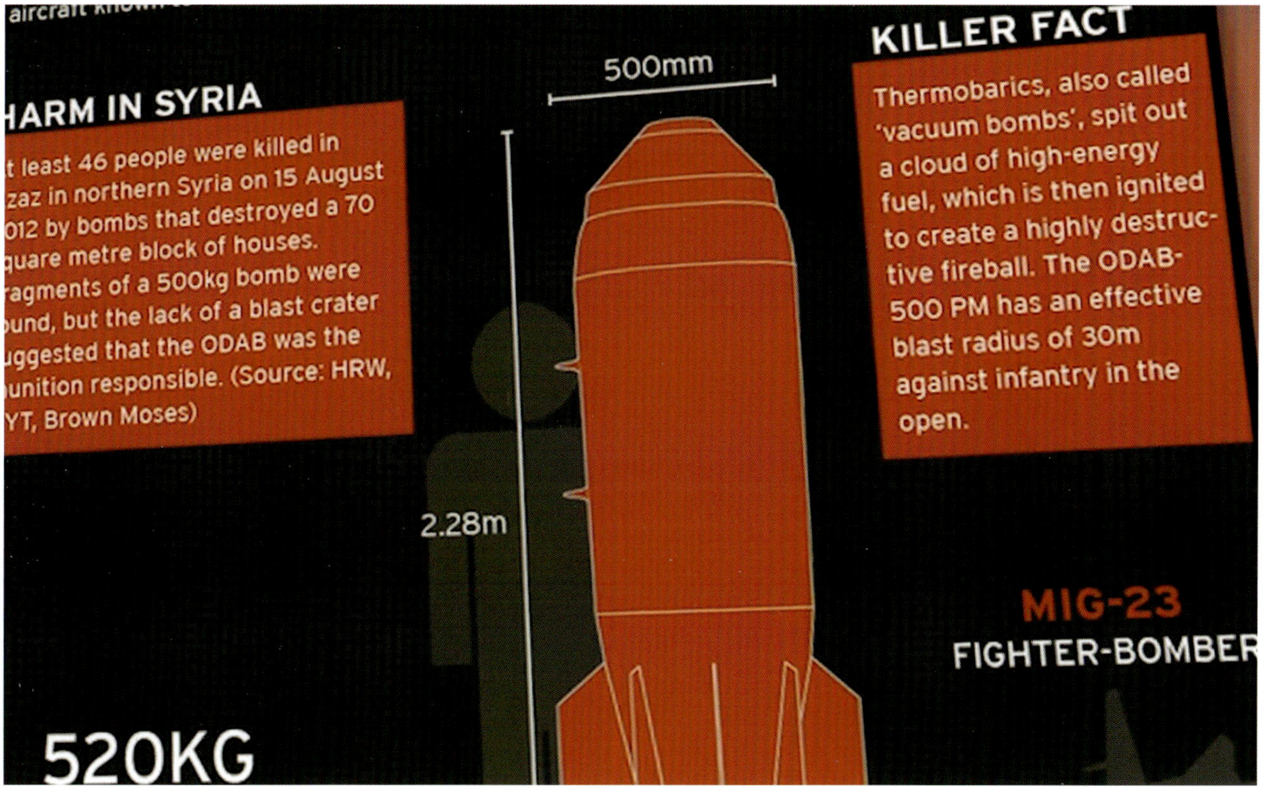

aircraft

HARM IN SYRIA

t least 46 people were killed in
zaz in northern Syria on 15 August
012 by bombs that destroyed a 70
quare metre block of houses.
ragments of a 500kg bomb were
und, but the lack of a blast crater
ggested that the ODAB was the
unition responsible. (Source: HRW,
YT, Brown Moses)

500mm

2.28m

520KG

KILLER FACT

Thermobarics, also called 'vacuum bombs', spit out a cloud of high-energy fuel, which is then ignited to create a highly destructive fireball. The ODAB-500 PM has an effective blast radius of 30m against infantry in the open.

MIG-23
FIGHTER-BOMBER

Die angebliche russische Typenbezeichnung soll „ODAB-500“ lauten. (www.aoav.org.uk/2013/syrias-dirty-dozen-odab-500-pm)

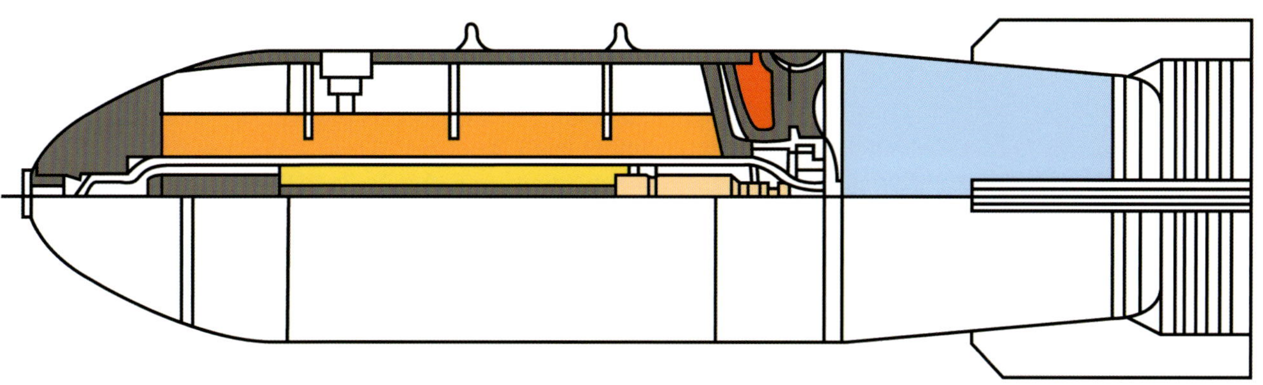

Vakuumbombe ODAB-500 im Schnitt.

26. Das wundersame Verschwinden der Untersuchungsergebnisse

Dipl.-Ing. Peter Lohr bei der Georadar-Messung in Torgau (mit freundlichem Dank an Claudia Masur/ BILD-Zeitung).

Am 24. Oktober 2012 führte Peter Lohr im „Hamster" Georadarmessungen durch. Ursprünglich wollte er lediglich die Gelegenheit nutzen, weil sich der Weg für einen Test des neu entwickelten verkleinerten Gerätes gut eignete. Er brauchte diesen dafür gar nicht zu verlassen und er riskierte auch keinen Verstoß gegen die Naturschutzgesetze. Umso erstaunlicher waren dann die Auswertungen. Das Georadar nimmt die Daten zunächst nur digital auf. Ein gesondertes Programm wird im Anschluss benötigt, um aus den Signalen ein dreidimensionales Bild zu generieren. Nach dieser Prozedur und einigen weiteren Einstellungen kamen die Hohlräume und auch recht schnell der Körper einer Bombe zum Vorschein. Es ist verständlich, dass Lohr für die Auswertung einige Tage und Wochen benötigte, um den gesamten Fund von allen Seiten zu beleuchten. Es vergingen aber noch Jahre, in denen sich der Entdecker mit Kollegen und Freunden austauschte und Rat suchte. Im Dezember 2015 informierte er den zuständigen Kampfmittelräumdienst und machte seine Überlegungen bekannt. An die Presse wandte sich Peter Lohr aber erst im Januar 2016 und veröffentlichte damit den Fund möglicher Atombomben.

Man kann sich vorstellen, welches Medienecho diese Publikation nach sich zog. Zunächst berichtete der „Mitteldeutsche Rundfunk" (mdr) mit einer eigenen Reportage: „Spekulationen um Atomsprengsätze im Jonastal. Hobby-Forscher verrät Ort für möglichen Bombenfund".

Der Bericht führte zu einiger Aufregung in der örtlichen Presse und in der Folge natürlich auch zu ablehnenden Äußerungen seitens der Ordnungsbehörden.

Die Forstbehörde reagierte auf diese Vorgänge mit Platzverweisen sowie harten Strafen und Strafandrohungen gegen Personen, die den Bereich des Naturschutzbereiches „Hamster" betraten, um die Ausführungen Peter Lohrs zu überprüfen oder einfach nur, um dort spazieren zu gehen. Man munkelt sogar von der Installation technischer Überwachungsmittel in diesem Bereich. Anschließende Treffen mit den Ordnungsbehörden zeigten, dass alles unternommen wurde, um weitere Erkenntnisse, die den Fund bestätigten oder verwarfen, zu verhindern.

Am 24. Juni 2016 erhielt Lohr unerwartet eine Genehmigung zum Betreten und Scannen im „Hamster". Diese war befristet bis zum 8. Juli 2016. Der Ingenieur wurde zwar um besondere Vorsicht beim Betreten der Fläche entsprechend der Naturschutzgesetze gebeten, doch im Gegensatz zu den früheren Verboten war dies plötzlich wie eine Einladung. Es musste sich etwas verändert haben!

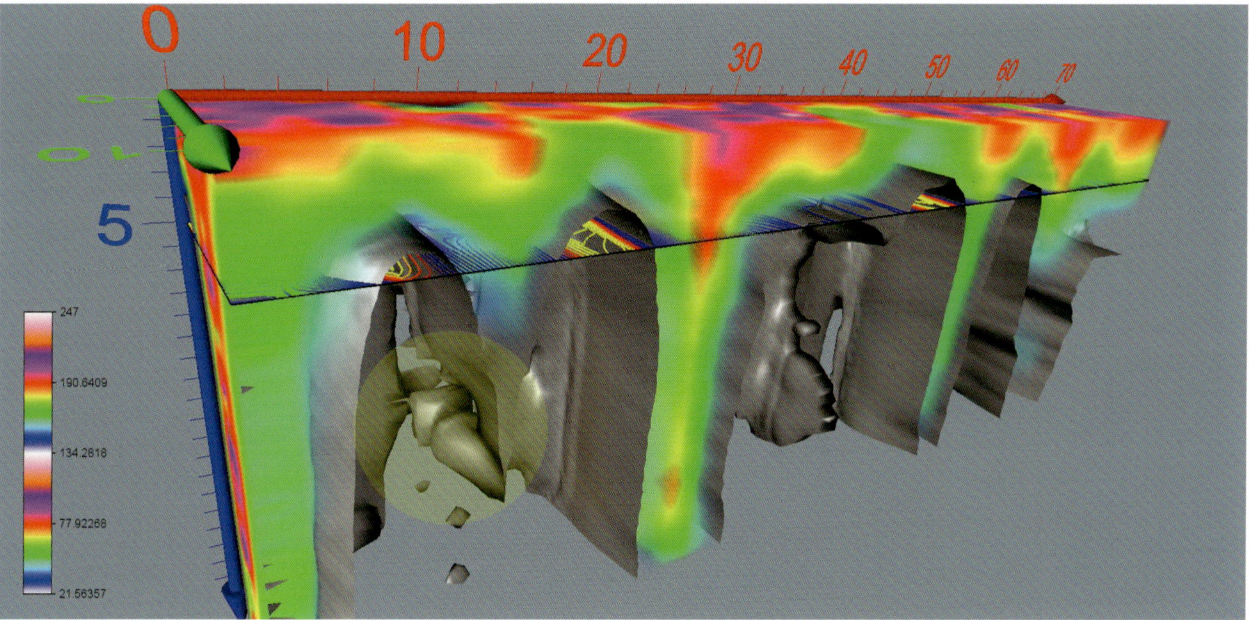

Scan-Bild vor der Veränderung. (Peter Lohr)

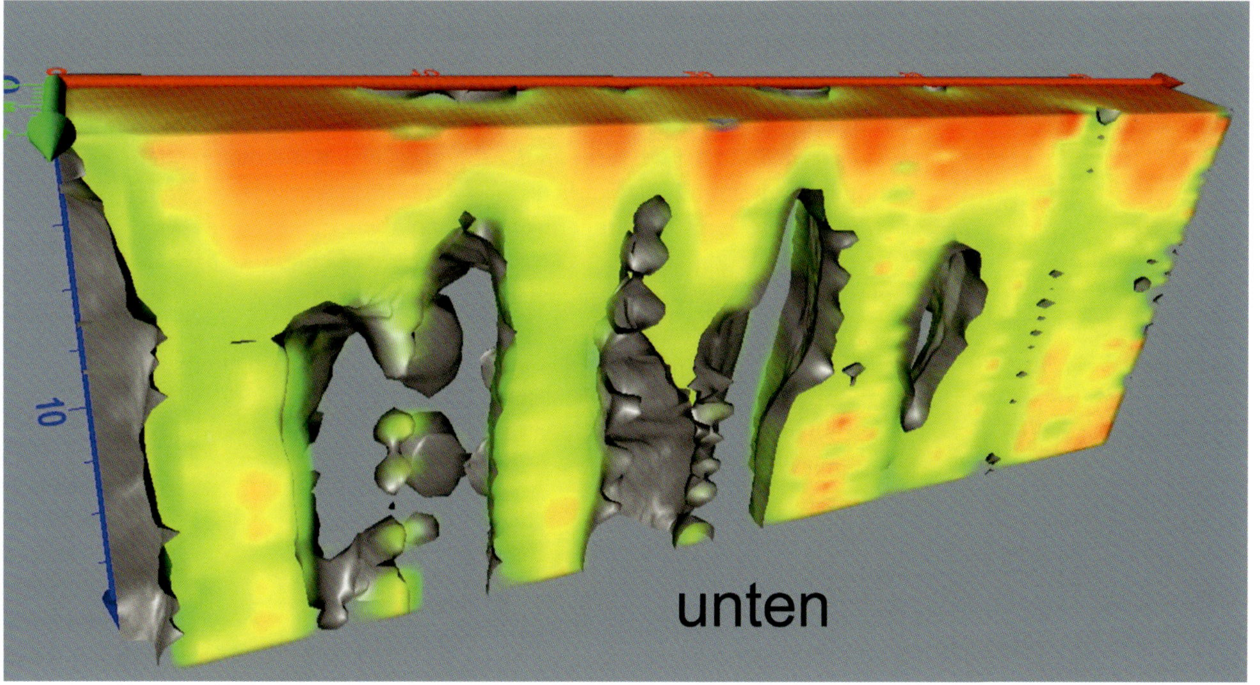

Scan-Bild-Auswertung nach der behördlichen Erlaubnis.

Man kann im Vergleich beider Bilder einen guten Vorher- bzw. Nachher-Effekt erkennen. Die Hohlraumstrukturen sind im Überblick deutlich sichtbar. Doch eine gewaltige Kraft muss die Hohlräume zerstört und den umgebenden Fels verändert haben. Die eine im oberen Bild sichtbare Bombe ist verschwunden und die rechten Stollen sind fast eingestürzt. Diese Messung erfolgte am 27. Juni 2016 mit zwei verschiedenen Messgeräten. (Peter Lohr)

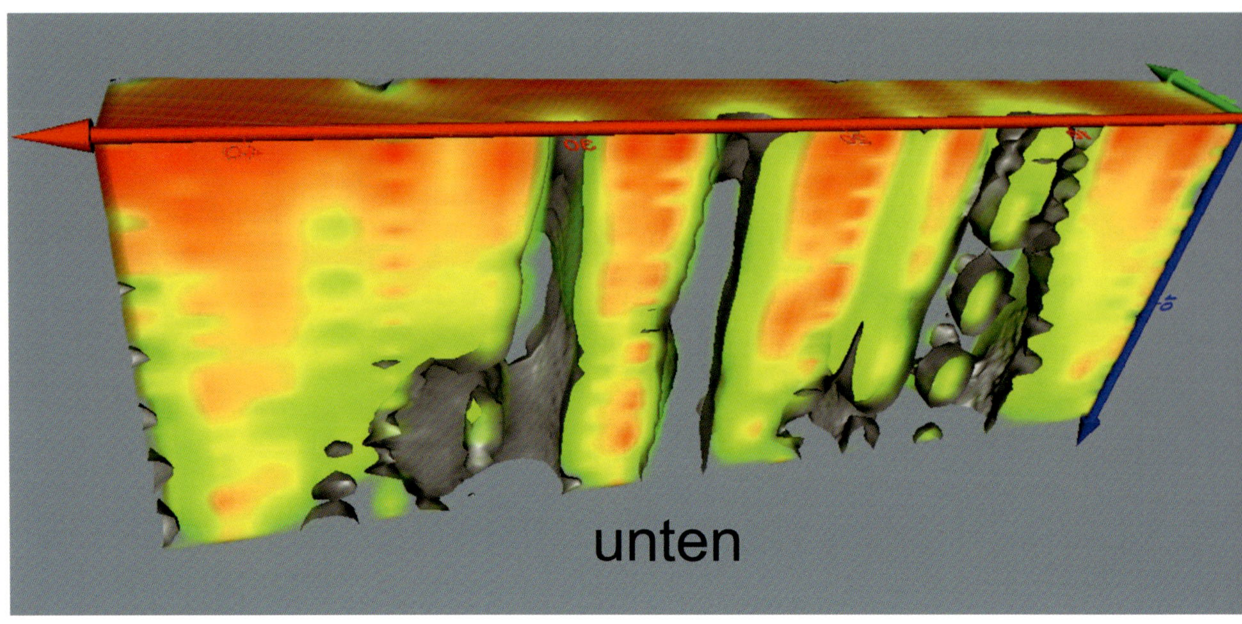

Vertauscht man Nord gegen Süd der Messung, dreht also nur den Scan auf die Rückseite, wird das Ergebnis der Veränderung noch deutlicher. Die vorher nur als Stollen erkennbaren Hohlräume sind bis an die Oberfläche aufgebrochen. Dies bedeutet in der Arbeitsweise eines Georadars keinen Schacht, sondern nur eine Materialdichtenveränderung bis an die Oberfläche. Es muss also eine Begehung des unterirdischen Areals erfolgt sein, denn die Sprengkörper wurden entfernt und die Stollen anschließend gesprengt (Peter Lohr).

In den Wochen zuvor hatten Wanderer, die im Bereich „Hamster" unterwegs waren, von einem diffusen Gefühl unterirdischer Sprengungen berichtet. Besucher im Tal machten ferner auf Baumfällarbeiten und unerklärliche Geräusche im „Hamster" aufmerksam. Eine entsprechende Zeugenaussage stellte uns Hans-Joachim König, ein für das „Arnstädter Stadtecho" tätiger Journalist, exklusiv für dieses Buch zur Verfügung. Anhand der Beobachtungen kennen wir jetzt den genauen Zeitpunkt der Explosion und die durch Dritte verursachte Veränderung im Untergrund. Zur selben Zeit wurden Soldaten in niederländischen Uniformen, aber mit typisch amerikanischem Sprachmustern in der Kaufhalle von Arnstadt beobachtet.

Warum also plötzlich eine Einladung, Messungen durchzuführen? Sollte der ursprüngliche Entdecker dazu benutzt werden, die Veränderung der Stollen und die Entfernung der Bombenkörper zu bezeugen?

Diese überraschende Aufforderung zur erneuten Untersuchung der Fundstelle brachte ein unerwartetes Ergebnis. Man war eigentlich davon ausgegangen, dass eine Wiederholung der Messung zu einem ähnlichen dreidimensionalen Ergebnis führen würde. Doch das sich jetzt im Computer abzeichnende Bild war nur schwer zu deuten.

Bedeutet dies eine heimliche Aktion zur Beibehaltung der offiziellen deutschen Geschichtsschreibung?

Aussage 10.6.2016

Zeugenaussage

"Am 10. Juni 2016 machten mein Mann und ich am späten Nachmittag eine Wanderung im Gebiet des Jonastals. Dabei, wie wir später recherchierten, gelangten wir in das Gebiet Löbchen, welches sich im Waldkomplex des sogenannten 'Hamsters' befindet. Dabei hörten wir aus dem Naturschutzgebiet das Geräusch einer Motorsäge, wie wir das einschätzten, welches ununterbrochen ca. 25 Minuten andauerte. Als das Geräusch endete, neugierig geworden, wollten wir erkunden, was da geschah. Etwas später hörten wir ein Fahrzeuggeräusch, welches aufhörte, als das Fahrzeug ganz offensichtlich zum Halten kam. Danach vernahmen wir, das etwas offenbar von der Ladefläche geladen wurde. Wir gingen davon aus, daß es sich dabei um das Abrollen eines Fasses gehandelt haben könnte, jedenfalls hörte es sich so an. Wir tippten zunächst auf einen Umweltsünder, aber dann fielen uns einige Geschichten aus dem sagenhaften Jonastal ein, so daß wir unserer eigenen Sicherheit wegen beschlossen, den Rückweg anzutreten, da wir uns ganz offenbar auf dem seltsamen Gelände verlaufen hatten. Gesagt, getan. Als wir uns schon einige Meter entfernt hatten, um zur Jonastalstraße zu gelangen, erschütterte eine riesige Detonation das Gelände. So laut und so stark, daß wir beide sofort, ja reflexartig, Schutz suchten und uns auf den Boden warfen. Wir warteten kurz ab, ob noch etwas passieren würde. Dann rafften wir uns auf und verließen fluchtartig das Gelände. Erst viel später, als wir uns näher mit dem Jonastal beschäftigten, versuchten wir, uns einen Reim darauf zu machen. Die Frage, was in diesem Naturschutzgebiet an diesem 10. Juni wirklich geschah, hat sich bis heute nicht beantwortet. Wir wollen nicht, daß unsere Namen bekannt gemacht werden. Aber vielleicht hilft unsere Aussage, das seltsame Geschehen aufzuklären. Und vielleicht haben andere auch davon gehört oder dies gar erlebt. Durch die Veröffentlichungen zum Thema Hamster im "Arnstädter Stadtecho' suchten wir Kontakt zu Herrn König, der unsere Aussage aufnahm. "

Arnstadt 16. Februar 2017

Erklärung:
Ich, Hans-Joachim König, bestätige, daß ich diese Aussage entgegengenommen und diese so bestätigt worden ist.
Die Namen sind mir bekannt.

27. Wer hat ein Interesse an fehlenden Bomben im Jonastal?

Wer könnte daran interessiert sein, die bisher beschriebenen Fakten um ALSOS und die im Zeitraum 1945 bis heute gemachten Enttarnungen und Entdeckungen um das Thema „deutsche Atombomben" zu verschleiern?

Die Amerikaner?

Diejenigen, die am allerwenigsten ihre Geschichte umschreiben wollen, sind sicherlich die Amerikaner. Immerhin könnte zum einen die Version, dass Deutschland bereits über die Atombombe verfügte und es nur an einem geeigneten Verbringungsmittel wie einer Rakete fehlte, die bisherige Darstellung widerlegen. Zum anderen müssten dann die Amerikaner zugeben, dass die Bombe in Hiroshima und gegebenenfalls auch die Bombe über Nagaski - oder zumindest Teile davon - unter dem Hakenkreuz konstruiert und aus Deutschland als Kriegsbeute in die USA geschafft wurden. Es gibt aber auch noch einen dritten Grund, und der wäre mindestens ebenso wichtig, um sich bis heute um eine Vertuschung zu bemühen. Wie bereits vorher ausführlich dargestellt, kann die in Amerika hergestellte Menge an bombenfähigem Material für eine eigene Kernwaffe nicht ausgereicht haben. Sollte also die fehlende Menge aus deutscher Produktion stammen, müsste man zugeben, dass das Deutsche Reich weiter in der Entwicklung war, als man uns heute offiziell weismachen möchte.

Die Deutschen?

Die deutschen Behörden sind in Sachen Sicherheit seit jeher überempfindlich. Gegen jede mögliche Gefahr möchten sie sich sofort tausendfach abgesichert sehen. Was wäre, wenn die Atombomben tatsächlich unter dem „Hamster" liegen würden? Panik im Amt? Sicherlich ...

Als außenstehender Bürger kann man die Befehlskette in der Ämterhierarchie nicht unbedingt nachvollziehen. Wenn man zudem noch von Dienstanweisungen an Beamte liest, die je nach politischem Willen bestimmte Gutachten unterdrücken müssen, ist es schwierig, echte Zuständigkeiten herauszufinden. Fakt ist aber, dass es in Deutschland keine zuständige Institution gibt, die dazu in der Lage wäre, eine Atombombe sicher zu handhaben. Bei Feuerwehr und Technischem Hilfswerk (THW) gibt es zwar Katastrophen-Einheiten, die befähigt sind, strahlendes Material aus Forschungsanstalten und Krankenhäusern zu bergen und zu transportieren. Eine Atombombe stellt aber eine ganz andere Dimension der nuklearen Herausforderung dar! Hier könnte nur die ABC-Abwehrtruppe der Deutschen Bundeswehr helfen. In den USA nennt man den Verlust einer Atombombe oder einen Atombombenunfall „Broken Arrow" („Zerbrochener Pfeil"). In einem solchen Fall hat das amerikanische Militär umfangreiche Sonderrechte, die in Vereinbarungen der Bundesregierung in Washington D.C. mit den einzelnen Bundesstaaten geregelt sind.

Würde also in Deutschland eine Atombombe gefunden werden, so sind die über politische Kanäle informierten Amerikaner sicher diejenigen, die sich mit deutscher Amtshilfe um die „Entsorgung" kümmern würden - zumal die Bundesrepublik Deutschland über keine eigenen Atomwaffen verfügt (jedoch über geeignete Verbringungsmittel). Das Fundstück wäre also ohnehin US-amerikanisches Eigentum - oder, aber unwahrscheinlich, französisches oder britisches. Die Beobachtungen in Arnstadt können ein Hinweis auf die oben beschriebenen Ereignisse sein. Die Behörden vor Ort brauchten dann nur auf eine Vollzugsmeldung zu warten und könnten seelenruhig alles dementieren.

28. Deutsche Atombombe über Nagasaki?

Bisher sind wir der deutschen Atombombe nur kriminalistisch auf der Spur gewesen. Es besteht unserer Ansicht nach die Möglichkeit einer solchen Waffe, aber der endgültige Beweis fehlt. Ein Schreiben rückt indes all die Verwirrungen und Vertuschungen in ein ganz anderes Licht: Die einzelnen Hinweise auf amerikanische Soldaten in Arnstadt, ferner die Versuche, ein heikles Thema zu verschweigen oder eine Person als „Spinner“ darzustellen, bekommen nun einen neuen Rahmen. Nach Betrachtung des rechts abgebildeten Schreibens vervollständigt sich das Bild ...

Diese Informationen sind auch an die Staatskanzlei Thüringens gegangen. In einem weiteren Schreiben vom 28. Mai 2016, das den Autoren vorliegt, wird der Staatskanzlei die Anlage mit weiteren Georadarscans eindeutig beschrieben.

Die staatlichen Stellen sind also über den Sachstand informiert. Für den gesamten Fall treten aber nun die Vereinbarungen mit den Amerikanern in Kraft, so dass die Behörden offiziell alles leugnen können.

Ing. Büro Ralf Ehmann, Dipl.- Ing. (FH)
Beratender Ing. für Kampfmittel, Altlasten und Sicherheit

Phone: •
Fax : •
Mobil: •
Mail:

Gotha, 25.05. 2016

Stadtverwaltung Arnstadt
Markt 1

99310 Arnstadt

Information
Zum Kampfmittelverdachtspunkt Hamster

Sehr geehrter Herr Wulf,

ich informiere Sie hiermit darüber, dass auch zu dieser vermuteten Produktionsstätte für Spezial – und Sonderwaffen der Deutschen Wehrmacht der Verdacht besteht, dass diese mit einer USBV gesichert ist, die in zugänglicher Literatur nicht erwähnt ist und von Laien nicht entschärft bzw. unbrauchbar gemacht werden kann.

Zu Vermeidung von weiteren Todesopfern, tragen Sie bitte persönlich dafür Sorge, dass sich Vorkommnisse wie am 11.04. 1945 mit 20 Toten, als die 3 „fat man“, von denen eine später in Nagasaki abgeworfen wurden, aus der benachbarten Produktionsstätte entnommen wurden, nicht wiederholen können.

Mit freundlichen Grüßen

Ralf Ehmann

Kopien bei Bedarf und Notwendigkeit

- Thüringer Generalstaatsanwaltschaft
- Thüringer Landeskriminalamt
- Berufsgenossenschaft Bau

Im Schreiben vom 25. Mai 2016 weist der Sachverständige für Kampfmittel Ralf Ehmann auf die Entnahme von drei Atombomben am 11. April 1945 aus einer benachbarten Produktionsstätte hin. Er teilt den zuständigen Stellen außerdem nachdrücklich mit, dass eine der Bomben über Nagasaki abgeworfen wurde.

29. Weitere Entdeckungen

In der Archäologie haben sich die staatlichen Stellen immer auch auf private Kräfte verlassen. In Brandenburg geht man seit einigen Jahren einen neuen Weg und bindet engagierte „Schatzsucher“ durch Ausbildungsmaßnahmen in die staatliche Arbeit ein. In Thüringen scheint dieser Weg jedoch noch keine Perspektive zu sein. Anstatt fair mit engagierten Bürgern umzugehen, versucht man hier, diese öffentlich zu diskreditieren. Die Bekanntgabe der Fundstelle am „Hamster“ war nur der Anfang einer größeren Suche in diesem Gebiet. Später wurden weitere Flächen gescannt. Die durchaus erstaunlichen Ergebnisse und Ortungen sind jedoch bis heute nicht veröffentlicht.

Die damals entstandenen Bilder ermöglichen dem Leser, seine eigenen Schlüsse über die dort angezeigten Metallobjekte und Bodenanomalien zu ziehen.

Wir bitten die Leser, uns bei der Auswertung zu unterstützen. Selbstverständlich haben die Autoren die Bilder bewertet und versucht, eine Erklärung zu finden. Doch hier sind die Auswertungen nicht eindeutig genug, um klar zu sagen, um was es sich hier handelt. Eine Vermutung sind sogenannte „Spulentürme“. Die Frage ist nur: Welche Funktion haben diese „Spulen“? Sechs von ihnen könnten wir sicher zeigen. Doch das ist reine Spekulation.

Weitere Informationen zum Thema finden Sie unter:
www.deutsche-atombombe.de.
Für Ihre Beiträge haben wir den YouTube-Beitrag: *Forum zum Buch „Atombombe - Made in Germany“* eingerichtet. Bitte schreiben Sie dort Ihre Infos als Kommentar.

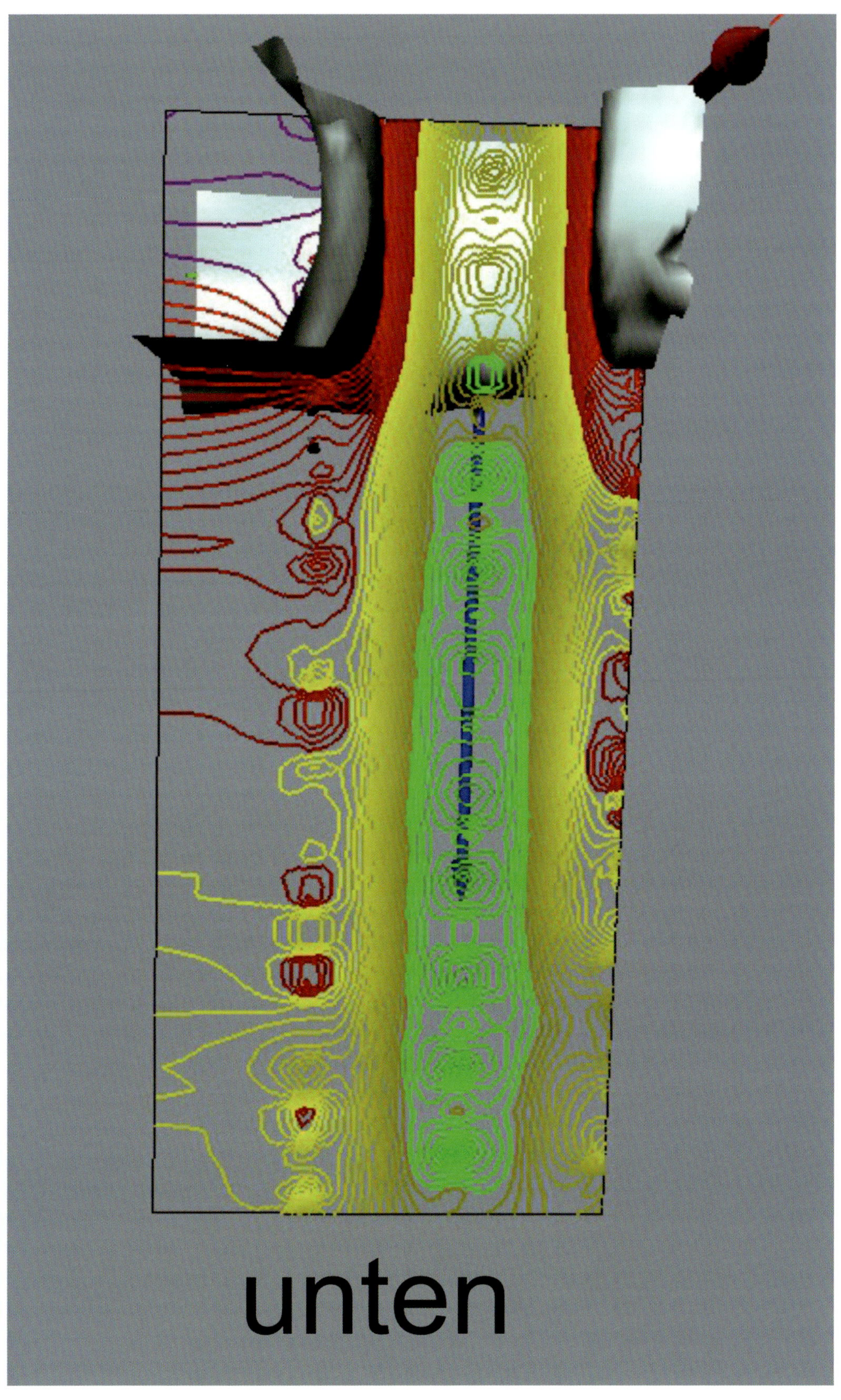
unten

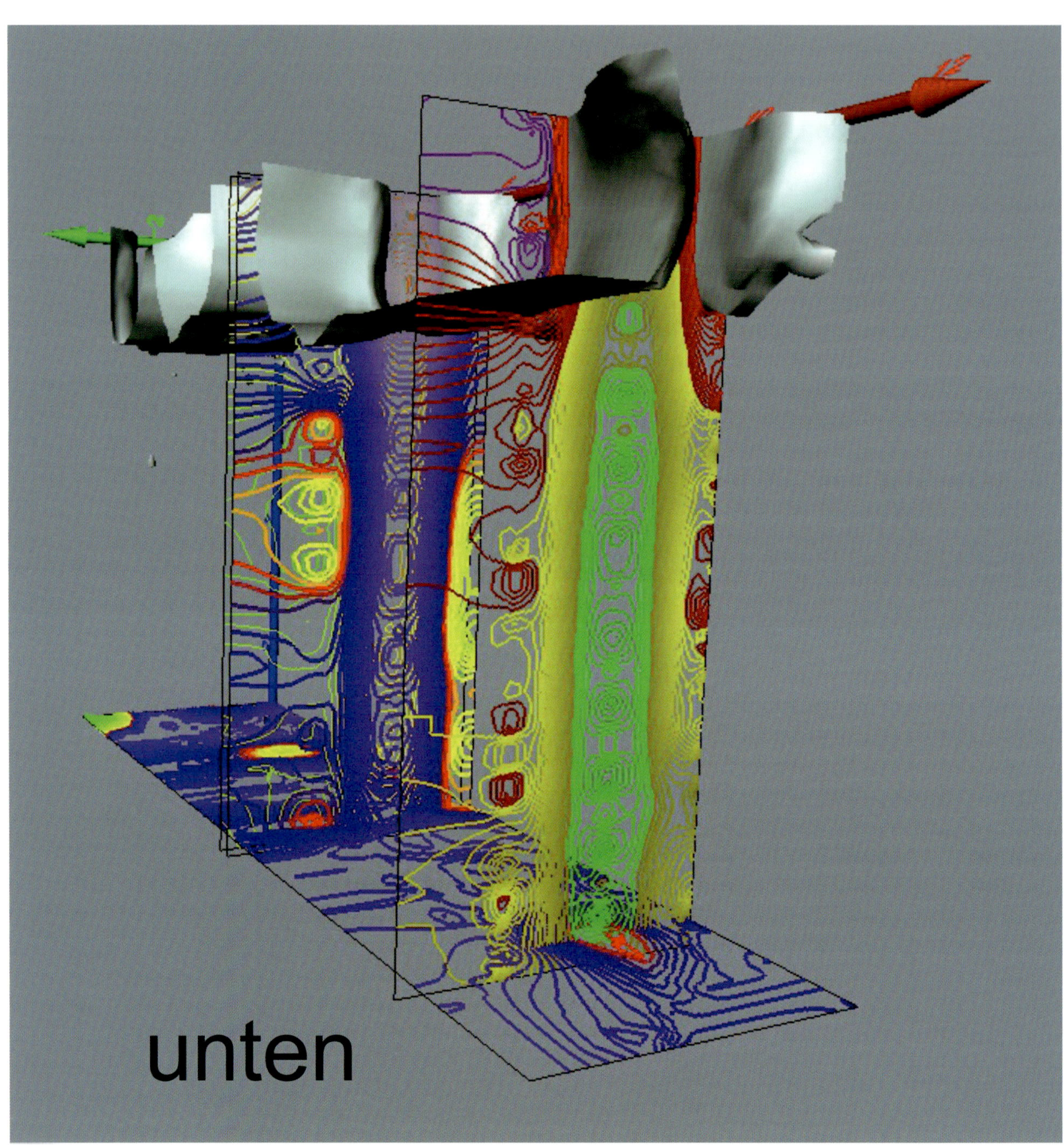
unten

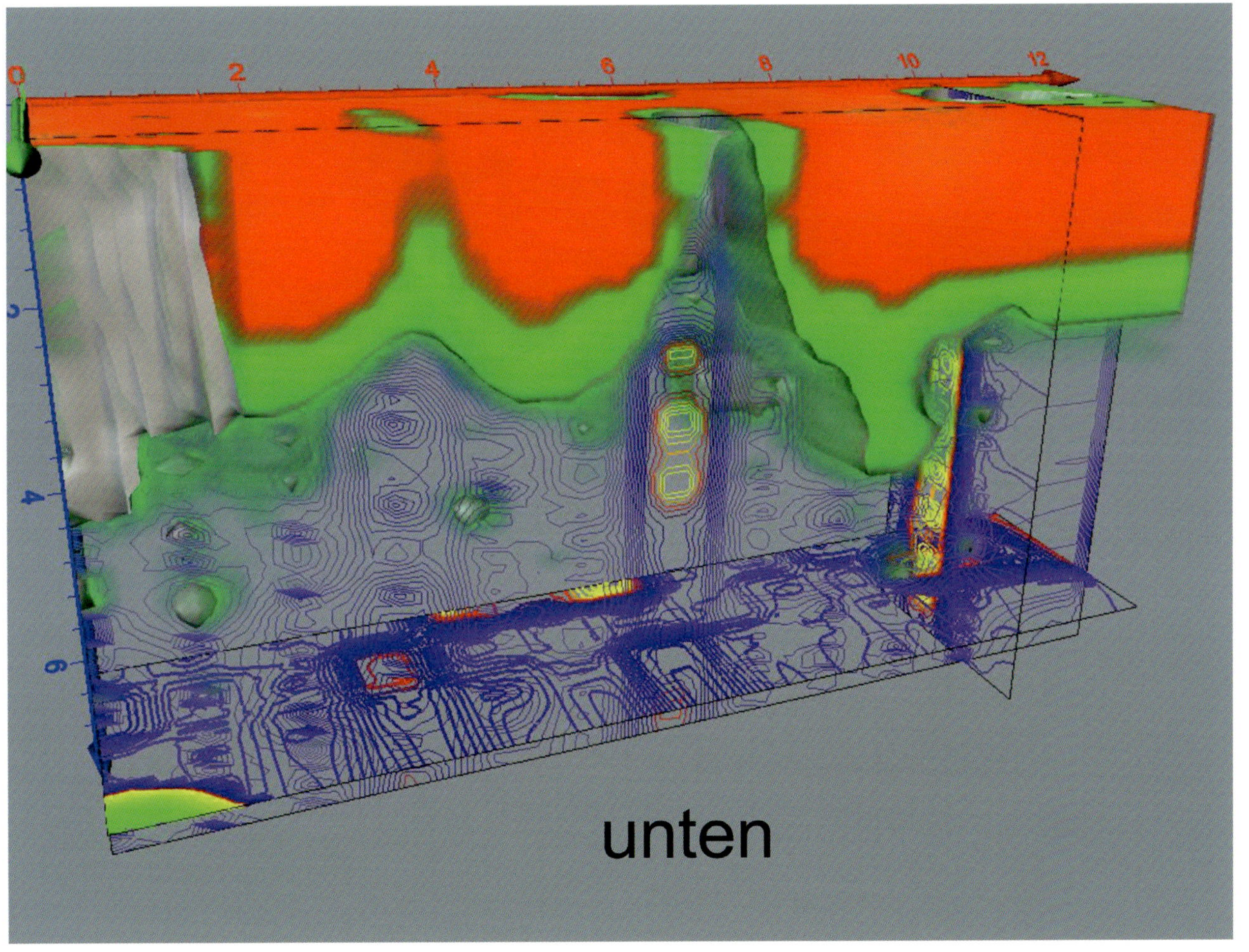
0
2
4
6
8
10
12
4
6
unten

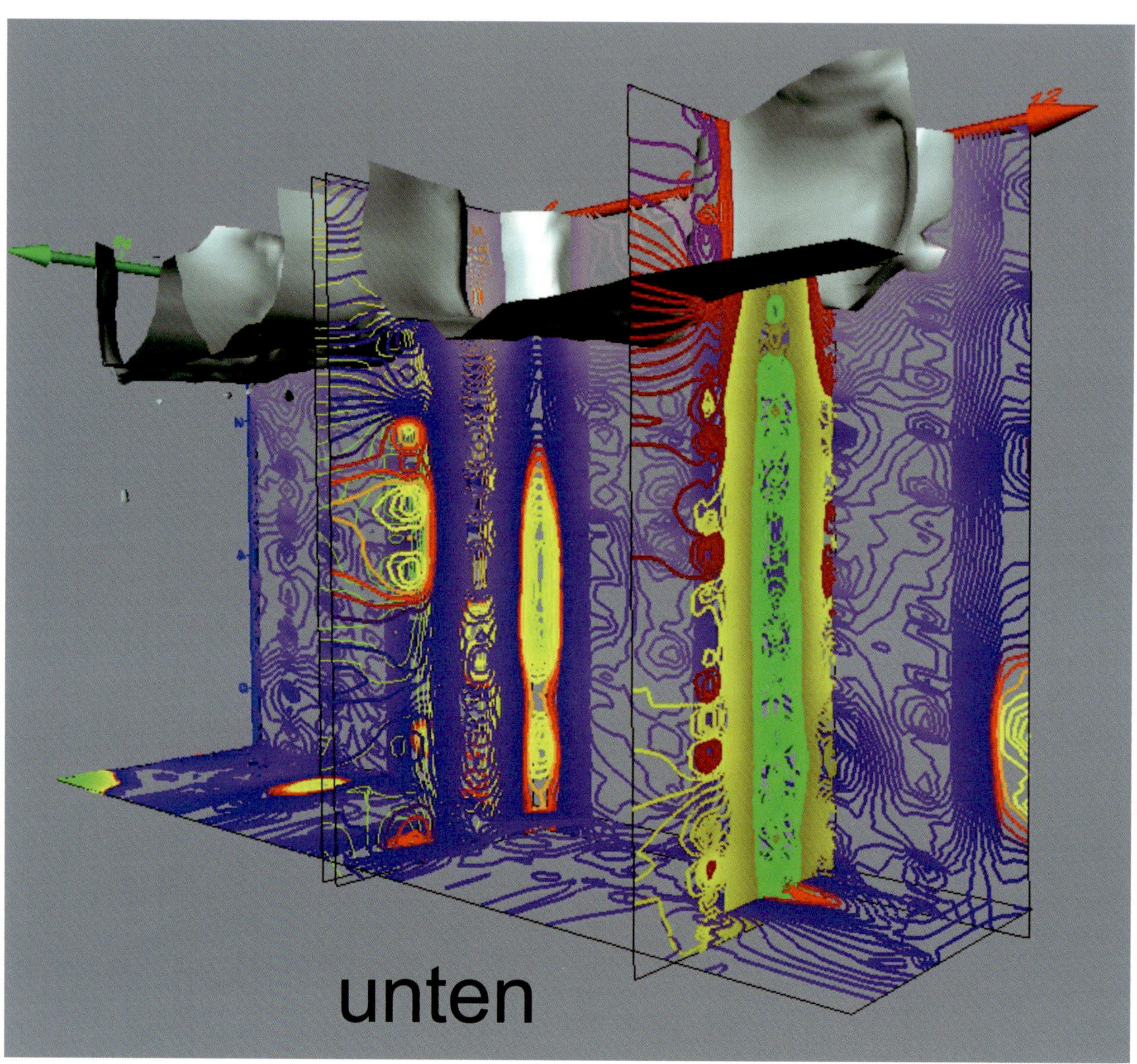
unten

30. Schlusswort Dipl.-Ing. Peter Lohr

Ich zeichne verantwortlich für die im vorliegenden Buch veröffentlichten Georadarbilder über den „Hamster“ im Jonastal. Die unterschiedliche Bewertung der einzelnen Georadarbilder erfolgte vom Autorenkollektiv an Hand umfangreicher Recherchen in weltweit verfügbaren Dokumenten. Als ich mein Hobby im Jahr 2012 mit der FMCW-Georadartechnik und der Auswertung der Messergebnisse begann, ahnte ich noch nicht, welcher Erfahrungsumfang für eine Auswertung von Messergebnissen erforderlich ist. Mit der Veröffentlichung habe ich meine gesamte Erfahrung mit dem Handling der Georadartechnik und der Auswertungssoftware „Voxler“ eingesetzt. Ziel dieser umfangreichen Publikation der einzelnen Georadarbilder ist es, dem Leser seine eigenen Schlussfolgerungen zu diesen Ergebnissen zu ermöglichen. Er soll erkennen, dass die Beurteilung von Georadarmessungen umfangreiche Kenntnisse in der Geophysik erfordern. Aus diesem Grund empfehle ich für eine abschließende Beurteilung meiner Messergebnisse immer eine Wiederholungsmessung und gegebenenfalls den Einsatz eines weiteren, unabhängigen Messverfahrens. Erst bei einer Übereinstimmung von wesentlichen Parametern ist eine endgültige Definition der Messergebnisse möglich. Eine „echte“ Bohrung ins Erdreich ist dann der endgültige Beweis.

Kritikern ist es nach wie vor freigestellt, meine Erkenntnisse in Frage zu stellen. Dabei sollten sie jedoch beachten, dass ich über umfangreiche eindeutige Messergebnisse von Referenzobjekten verfüge, die nicht zufällig entstanden, wie es mir ein promovierter Geophysiker unterstellen wollte (oder sollte). Die Deutung der Messergebnisse im Gebiet „Hamster“ mit ihrer Ähnlichkeit mit einer „Fat Man“- oder mit einer „Little Boy“-Atombombe habe ich aus Veröffentlichungen abgeleitet. Ich habe nach wie vor den begründeten Verdacht, dass es sich im Gebiet „Hamster“ um Kampfmittel bzw. Waffen handelt! Der Aufforderung vom 19. Juli 2016 durch das Rechts- und Ordnungsamt der Stadt Arnstadt, gemäß der gesetzlichen Verpflichtung zur Bekanntgabe der genauen Fundstelle eines Kampfmittelverdachtspunktes bin ich termingerecht nachgekommen. Für den Nachweis, dass sich tatsächlich solche „Störkörper“ in dieser Stollenanlage befinden, ist zumindest eine Bohrung für eine Kameradetektion erforderlich. Hier stehen immer noch die Behörden in der Verantwortung. Ein derartiger Nachweis wurde nach meinem jetzigen Kenntnisstand bisher aber nicht geführt. Es wurde lediglich versucht, meine Messergebnisse zu dementieren. Das Interesse an der Wahrheitsfindung zur deutschen Atombombe aus der NS-Zeit ist ungebrochen.

Ich danke dem MDR Thüringen für die seriöse Veröffentlichung meiner Forschungsergebnisse zur Möglichkeit einer deutschen Atombombe im Gebiet „Hamster“. Ich danke ferner dem „Arnstädter Stadtecho“ für die umfangreichen Veröffentlichungen zu diesem Thema, insbesondere Herrn Hans-Joachim König. Ich danke auch dem GT-GJ-Verein für die Publikation meiner Messergebnisse im „Hamster“ in der Vereinszeitschrift „Geheimnis Jonastal“, Ausgabe 16/August 2016.

Ich danke abschließend dem Autorenkollektiv für die umfangreiche und vielfältige Deutung und Auswertung meiner Georadarbilder.

Dipl.-Ing. Peter Lohr

31. Fazit und Schlusswort der Autoren

Wer hat also ein Interesse daran, einen möglichen Fund von objektiv nachweisbaren deutschen Atombomben aus dem Dritten Reich zu unterdrücken? Doch wohl nur diejenigen Personenkreise, die eine solche Option bisher heftig bestritten und deren eigene Geschichtsschreibung dann vollkommen anders dargestellt werden würde. Aber wer möchte gern sein eigenes Geschichtsbild, seine eigene geschichtliche Wahrheit revidieren müssen?
Andererseits: Sind wir im Jahre 2017 nicht reif oder alt genug für die Wahrheit? Was würde sich ändern, wenn die Geschichte umgeschrieben werden müsste?
Die Amerikaner würden zugeben müssen, dass ihre Bomben mit deutscher Hilfe gebaut wurden oder sogar vollständig deutschen Ursprungs waren. Die Engländer könnten aufatmen und zugeben, dass „die Insel" einer nuklearen Katastrophe entgangen ist. Und die Deutschen hätten die Gewissheit, seinerzeit wissenschaftlich doch ein wenig weiter gewesen zu sein, als man bislang annahm. Nicht mehr ...

Rolf-Günter Hauk

Nachdem ich mich schon mehrere Jahre mit dem Thema „deutsche Atombombe" auseinandergesetzt hatte, bekam diese Arbeit durch die Georadarbilder von Peter Lohr neuen Schub. Die Jahre zuvor waren für mich, was dieses Item betraf, durch intensives Studium der unterschiedlichsten einschlägigen Publikationen geprägt. Begonnen hatte es mit David Irvings Werk „Der Traum von der Deutschen Atombombe", ging weiter über die Bücher von Harald Fäth und Mayer/Mehner bis hin zu Rainer Karlschs „Hitlers Bombe". Überall waren einzelne Dokumentenschnipsel abgedruckt, die nach meiner Überzeugung auf mehr hinwiesen, als die offizielle Geschichtsschreibung uns erzählt. Allein durch die neuen Dokumente und Darstellungen in dem Buch von Rainer Karlsch wurden die Vermutungen immer größer, dass die wahren Zusammenhänge nur zum Teil erkannt wurden.

Da schlugen die Georadarbilder für mich wie ein Blitz ein. Endlich ein weiteres Fenster, um das Geheimnis zu lüften! Durch die Zusammenarbeit mit Christel Focken, die durch mein 2015 erschienenes Buch über Thorium initiiert wurde, kamen wir zu dem Entschluss, eine Arbeit über die deutsche Atombombe unter Einbeziehung der Georadarbilder zu schreiben. Viele Quellen wie alliierte Dokumente, Bücher und Internetseiten über den Aufbau von Kernwaffen und die Entwicklung der Atombombe in den USA sowie Nachkriegsdokumente aus Deutschland wurden ausgewertet und bilden die Grundlage für dieses Buch. Die Quellen wurden, soweit es uns möglich war, offengelegt, so dass jeder Leser die Möglichkeit hat, unsere Darstellungen zu überprüfen.
Ebenso wichtig war aber die Möglichkeit, die uns bekannt gewordenen Reaktionen der Behörden zu beschreiben. Was behördenintern vor sich ging, entzog sich natürlich unserem Wissen. Jedoch wurde die Verschleierungs- und Abwiegelungstaktik, die offiziell angewandt wurde, erkennbar - wie wir dies auch in den entsprechenden Kapiteln beschreiben. Dass niemals etwas Geheimes wirklich geheim bleibt, lehrt schon die Geschichte. Es gibt immer eine undichte Stelle. Dies gilt auch für die Vorgänge in und um das Jonastal. Die oben beschriebenen Georadarbilder sowie die Reaktion der Behörden auf die neuen Erkenntnisse erhöhen nach meiner Ansicht die Wahrscheinlichkeit, dass die Gerüchte um die Atombomben im Jonastal eben kein bloßes Hirngespinst sind. Ich bin davon überzeugt, dass dieses Buch zu einer Klärung des Themas „deutsche Atombombe" beitragen wird.

Rolf-Günter Hauk

Christel Focken

In der Historiographie hat immer der Sieger die Geschichte des Besiegten geschrieben. So geht es auch uns Deutschen nicht anders. Richtig problematisch aber wird es, wenn ein ganzes Volk durch jahrelange Beeinflussung seine eigene, in bestimmten Zeiträumen zugegebenermaßen hochsensible Geschichte nicht bewältigen und akzeptieren kann. Rasch ist man gleich in der „rechten Ecke“ verortet und damit im gesellschaftlichen, links-grün dominierten Mainstream stigmatisiert - meist ohne die Chance, sich zu erklären. Schnell kann man Menschen mit der „Nazi-Keule“ mundtot machen. Man muss ihm nur „rechtes Gedankengut“ unterstellen. Dann ist der Angeklagte in der Beweisschuld, nicht der Ankläger. Historiker, die sich mit der Geschichte des Dritten Reichs beschäftigen und Entdeckungen machen, die nicht ins offizielle Weltbild passen oder nicht politisch konform sind, werden, ehe man es sich versieht, zum Spinner gemacht. Wie vorsichtig Autoren beim Verfassen eines Buches sein müssen, merkten wir an unseren eigenen Werken.

Die Presse trägt hier ebenfalls ihr Scherflein zum gegenwärtigen Zustand bei. Verfolgt man die Berichterstattung zu diesem Thema, werden Pressemitteilungen der Ämter stumpf wiedergegeben. Ein Hinterfragen erfolgt nicht mehr. Gerade bei solch einem spannenden Thema müsste die Pressevertretung eigentlich jede Chance für eine Reportage nutzen. Als die Grabungen am „Goldzug in Polen“ begannen, konnte ich keinen Schritt ohne Pressebegleitung machen. Auch Berichte, die mit viel Aufwand vor Ort gedreht wurden, wurden im anschließenden Schnitt verändert, um diesen in einem negativen Sinn zu verwenden und uns als „Nazischätzjäger“ zu verunglimpfen. Die Wahrheit ist immer nur die Wahrheit desjenigen, der diese erzählt. In diesem Buch habe ich meinen Teil dazu beigetragen, jede Form von Interpretation entsprechend zu kennzeichnen. Alle Fakten wurden nur zusammengefasst und weitergegeben; Ungereimtheiten wurden als solche dargestellt. Möge sich der Leser seine eigenen Fakten schaffen. Doch bitte ich, immer auch hinter die Kulissen zu schauen und selbst zu denken. Das wird heutzutage nicht mehr oft gemacht.

Ich hoffe, dass dieses Buch aufzeigt, dass mehr hinter der Geschichte steckt als ein simpler Georadarfund. Da ich selbst mit Georadar arbeite, sehe ich, was man im Boden finden kann. Von daher weiß ich, dass man sich solche Georadar- Ergebnisbilder nicht aus den Fingern saugen kann. Eine Manipulation innerhalb der Auswertung ist nur bedingt möglich. Aber das Hinzufügen von Datenströmen in eine Messung wäre so komplex, dass ein solches manipulatives Vorgehen ausgeschlossen ist - egal, wie diese Auswertungen von Fachleuten beurteilt werden. Welche technischen Verfahren und Auswertungsmethoden in die Argumentation auch eingebracht werden, das Ergebnis ist nur bedingt steuerbar, denn die Daten der Messung werden nicht verändert, sondern nur deren Darstellung.

Die politische Betrachtung bringt mich fast wieder in die „rechte Ecke“. Schon Thomas Mehner verweist in seinen Büchern sehr dezidiert auf die Abhängigkeit Deutschlands von den USA. Betrachtet man tatsächlich den Werdegang Deutschlands nach dem Krieg, die Regelungen des Viermächteabkommens, die Neufassung des Zwei-plus-Vier-Vertrages und sogar diverse UN-Resolutionen, die bis heute gültig sind, so braucht man sich nicht darüber zu wundern, dass ein einsamer Georadar-Spezialist mit seiner Entdeckung in ein Wespennest sticht. Ernüchternd ist ferner die eigene Situation in diesem Staat. Wie hilflos man plötzlich im Spiel der Großmächte wird und wie wenig deutsche Beamte auf deutschem Boden plötzlich zu sagen haben! Oder andersherum gedacht: Wie sehr deutsche Beamte und gewählte Vertreter ihre Wähler belügen und vor der Wahrheit zurückschrecken. In der Gesellschaft regt man sich über den Werteverlust in der Jugend auf und ärgert sich über „Wutbürger“, die den Staat anzweifeln. Man braucht sich also nicht darüber zu wundern, wenn die Vertretung des deutschen Volkes nicht für die eigenen Bürger und in deren Sinn handelt.

Zuerst wird dementiert, dann erfolgen Verbote und Bestrafungen fürs Betreten. Anschließend gehen Informationen zu Beobachtungen ein, die ins Bild einer Vertuschung passen. Dann wird zu Konferenzen eingeladen und man bittet förmlich zu neuen Messungen. Und plötzlich ist nichts mehr da! Wer da nicht an eine Verschwörung denkt, hat die Sprengungen der Twin Towers des World Trade Centers am 11. September 2001 in New York ignoriert. Damit auch die über 3.000 Toten dieser Katastrophe.

Man muss eine Geschichte nur lange genug erzählen und wiederholen, dann wird sie zum Allgemeingut. In Zeiten der postfaktischen Wahrheiten ist alles noch viel einfacher. Doch damals, bei der ersten Aktion von 1945, gab es noch kein Internet. Man plante sicher auch nicht, über Jahrzehnte im Voraus eine solche Geschichte geheimzuhalten. Bei jeder Lüge - und nichts Anderes ist eine Vertuschung - gibt es Dinge, die nicht zusammenpassen. Es gibt immer eine Lücke im System der Unwahrheit, und Jahre später kann man diese Lücke finden. Das Thema ist so vielschichtig, dass eine wirkliche Stringenz in der Vernebelungsstrategie nicht erreicht werden kann. So sind zum Beispiel die Quellen von damals (1945) viel offener geschrieben und besser zugänglich als diejenigen aus der Zeit des Kalten Krieges. Man gewinnt beim Studieren dieser Quellen den Eindruck, als hätte man nachträglich einen neuen, größeren Deckel auf ein kleineres Loch gesetzt. Je mehr ablenkende Informationen vorhanden sind, umso eher wird der Kern übersehen.

Ich bin gespannt, wie dieser unser Ansatz von Informationen in der Zukunft verdreht, verändert oder widerlegt werden wird.

Christel Focken

Wir danken ausdrücklich:

- Diplomingenieur Peter Lohr für die freundliche Bereitstellung der Georadarbilder
- Gedenkstätte KL Mauthausen und dem Innenministerium Österreichs
- Bundesarchiv Berlin und Freiburg
- Ing. Büro Ralf Ehmann, Herrn Ehmann
- Eric Köster von TERO VIDO für die freundliche Unterstützung

Anhang

Archivtext zur weiteren Leserinformation.

Zinserreport

S E C R E T[43]

HEADQUARTERS
AIR P/W INTERROGATION UNIT
United States Strategic Air Forces in Europe
A.P.W.I.U. (Ninth Air Force)
96/1945 APO 696, US Army
373.2 19 August 1945

SUBJECT: Energy Intelligence Summaries

TO : See Distribution

INVESTIGATIONS, RESEARCH, DEVELOPMENTS, AND PRACTICAL USE OF THE GERMAN ATOMIC BOMB THE FOLLOWING INTERROGATION WAS OBTAINED FROM FOUR GERMAN SCIENTISTS: A CHEMIST, TWO PHYSICAL CHEMISTS, AND A ROCKET SPECIALIST. ALL FOUR MEN CONTRIBUTED A SHORT STORY AS TO WHAT THEY KNEW OF THE ATOMIC BOMB DEVELOPMENT.

1. After the first atomic bomb was released over Hiroshima recently, several Germans began talking about whatever little they knew in this field of German research. Out of the many stories received, the following were selected.

[...]

47. A man named ZINSSER, a Flak

43 nach Mayer, Mehner, „Hitler und die ‚Bombe', S. 69-75

rocket expert, mentioned what he noticed one day: In the beginning of Oct. 1944 I flew from Ludwigslust (South of Luebeck), about 12 to 15 km from an atomic bomb test station, when I noticed a strong, bright illumination of the whole atmosphere, lasting about 2 seconds.

48. The clearly visible pressure wave escaped the approaching and following cloud formed by the explosion. This wave had a diameter of about 1 km when it became visible and the color of the cloud changed frequently. It became dotted after a short period of darkness with all sorts of light spots, which were, in contrast to normal explosions, of a pale blue color.

49. After about 10 seconds the sharp outlines of the explosion cloud disappeared, then the cloud began to take on a lighter color against the sky covered with a grey overcast. The diameter of the still visible pressure wave was at least 9.000 meters while remaining visible for at least 15 seconds.

50. Personal observation of the colours of the explosion cloud found an almost blue-violet shade. During this manifestation reddish-coloured rims were to be seen, changing to a dirty-like shade in very rapid succession.

51. The combustion was lightly felt from my observation plane in the form of pulling and pushing. The appearance of atmospheric disturbance lasted about 10 seconds without noticeable climax.

52. About one hour later I started with a He 111 >from the A/D [Antonio: 'airfield'] at Ludwigslust and flew in an easterly direction. Shortly after that I passed through the almost complete overcast (between 3.000 and 4.000 meter altitude). A cloud shaped like a mushroom with turbulent billowing sections (at about 7.000 meter altitude) stood, without any seeming connections, over the spot where the explosion took place. Strong electrical disturbances and the impossibility to continue radio communication as by lightning, turned up.

53. Because of the P-38s operating in the area Wittenberg-Merseburg I had to turn to the north but observed a better visibility at the bottom of the cloud where the explosion occured.
Note: It does not seem very clear to me why these experiments took place in such crowded areas.

FOR THE COMMANDING OFFICER:

(Unterschrift)
HELENES T. FREIBERGER

DISTRIBUTION:
30 copies G-2, Hq, USFET, Att: Capt. E.L. Wing
10 " U S Army Air Forces in Washington, D.O.I.
12 " USSTAF (Main), A-2 Section
12 " USSTAF (Rear), A-2 Section
15 " Ninth Air Force, A-2 Section
usw.
usf.

Mikrofilm Dokument aus dem United States Air Force Historical Research Center (USAFHRC), Maxwell AFB, Montgomery, Alabama.

Referenz: ROLL No.: A1007
DATE FILMED: 14 - 6 - 1973
OPERATOR: S.F.R.
LOCATION: Maxwell AFB, Ala.

UNTERSUCHUNG: WIE GLAUBWÜRDIG ist ZINSSER? (Zinsser und William Leonard Laurence)44

Dem bekannten New York Times-Korrespondent W. L. Laurence, schon lange vor dem Manhattan-Projekt mit führenden Atomphysikern befreundet und zweimaliger Pulitzer-Preis Gewinner (1937 und 1946), wurde erlaubt, in einer der drei B-29 zu fliegen, die an der Bombardierung von Nagasaki teilnahmen. Sein Augenzeugenbericht wurde erst am 9. September 1945 veröffentlicht.

Schon einige Tage nach dem Abwurf der Hiroshima-Bombe konnte man sehr kurze Beschreibungen von dem Alamogordo-Test (vom 16. Juli 45) in der Presse lesen. Aber Mr. Laurences Artikel in der New York Times am 9.9.45 war eine absolute Weltsensation: dort wurde der Öffentlichkeit zum ersten Mal genau beschrieben, wie eine Atomexplosion wirklich war. Zinsser wurde noch VOR dem 19. August 1945 vernommen und konnte also IN KEINEM FALL die Angaben und Informationen von Laurences Artikel für seinen eigenen Augenzeugenbericht benützt haben. Und noch mehr: wenn man beide Beschreibungen vergleicht kann man überrascht feststellen, dass Zinsser die Explosion sogar

44 nach Mayer, Mehner, „Hitler und die ‚Bombe', S. 76-78

noch ausführlicher und besser beschreibt als Laurence:

ZINSSER-1: ,..., when I noticed a strong bright illumination of the whole atmosphere, lasting about 2 seconds.'
LAURENCE-1: '(...) all of us became aware of a giant flash that broke through the dark barrier of our ARC welder's lenses and flooded our cabin with an intense light.'

ZINSSER-2: '... and the colour of the cloud changed frequently. It became dotted after a short period of darkness with all sorts of light spots, which were, in contrast to normal explosions, of pale blue color.'
LAURENCE-2: 'We removed our glasses after the first flash but the light still lingered on, a bluish-green light that illuminated the entire sky all around.'

ZINSSER-3: 'The combustion was lightly felt from my observation plane in the form of pulling and pushing.'
LAURENCE-3: 'A tremendous blast wave struck our ship and made it tremble from nose to tail.'

ZINSSER-4: 'The clearly visible pressure wave escaped the approaching and following cloud formed by the explosion.'
LAURENCE-4: 'Observers in the tail of our ship saw a giant ball of fire rise.'

ZINSSER-5: 'Personal observations of the colours of the explosion cloud found an almost blue-violet shade.'
LAURENCE-5: 'By the time our ship had made another turn in the direction of the atomic explosion. The pillar of purple fire had reached the level of our altitude.'

ZINSSER-6: 'During this manifestation reddish-coloured rims were to be seen, changing to a dirty-like shade in very rapid succession.'
LAURENCE-6: [Mr. Laurence hat nicht darüber berichtet, aber die rote Färbung wurde auch in der Nagasaki-Explosion beobachtet. Verantwortlich dafür ist das Stickstoffoxid ("nitric oxide").]

ZINSSER-7: 'A cloud shaped like a mushroom with turbulent, billowing sections (at about 7000 metre altitude) stood, (...).'
LAURENCE-7: 'The mushroom top was even more alive than the pillar, seething and boiling in a white fury of creamy foam, (...).'

ZINSSER-8: 'About one hour later (...). A cloud shaped like a mushroom (...) stood, (...), over the spot where the explosion took place.'
LAURENCE-8: 'It (the mushroom) retained that shape when we last gazed at it from a distance of about 200 miles.'

ZINSSER-9: 'Strong electrical disturbances and the impossibility to continue radio communications as by lightning, turned up.
LAURENCE-9: [Mr. Laurence hat diese sehr typische Wirkung von jeder Atombombe nicht beschrieben, auch wenn die Nagasaki-Bombe HÖCHST WAHRSCHEINLICH auch diese Störungen verursachte.]

Zinsser beschreibt die Färbung der Wolke genauer, gibt Zahlen über die Ausdehnung, Größe und Dauer der Explosion und sagt außerdem, dass die Bombe Radiostörungen verursachte (eine unmögliche Erscheinung bei konventionellen Explosionen, die bei Atomsprengungen so gut wie NIE fehlt). Sehr, aber wirklich SEHR WENIGE Spezialisten kannten in August 1945 dieses Phänomen; nur jemand der ein Radiogerät in der Nähe von einer Explosion benützen musste (z.B. ein Pilot wie Zinsser) hätte diese Sache beobachten können. Der einzige Unterschied zwischen diesen beiden Explosionen ist die Stärke: W. L. Laurence hat genau eine 20 bis 25 Kilotonnen Bombe beschrieben und Zinsser hat sehr genau einen etwa 3 bis 5 Kt starken Test gesehen.

Quellennachweis

Monographien und Lexika:

Freund, Florian, Arbeitslager Zement

Hydrick, Carter P., Critical Mass, The Real Story of the Birth of the Atomic Bomb and the Nuclear Age

Karlsch, Rainer, Hitlers Bombe

Mayer, Mehner, Das Geheimnis der deutschen Atombombe

Mayer, Mehner, Hitler und die „Bombe"

Nagel, Günter, Atomversuche in Deutschland

Thirring, Hans, Die Geschichte der Atombombe

Wilcox, Robert K., Japan's Secret War

Winterberg, Friedwardt, The Physical Principles of Thermonuclear Explosive Devices

Zeigert, Dieter, Hitlers letztes Refugium

Interscience Publishers, Concise Encyclopedia of Nuclear Energy

Internetseiten (zuletzt abgerufen: 14.08.2017, 11:03 Uhr)

http://70years.blogsport.eu/2015/04/01/thueringen-im-april-der-vormarsch-der-3-us-army/

http://www.aoav.org.uk/2013/syrias-dirty-dozen-odab-500-pm

http://www.baseballinwartime.com/player_biographies/richardson_don.htm

http://www.bundesheer.at

http://www.dailykos.com

https://de.wikipedia.org/wiki/Halifax-Explosion

https://de.wikipedia.org/wiki/ODAB-500

http://www.deutsches-museum.de/archiv/archiv-online/geheimdokumente/alsos-mission

http://www.dhm.de/lemo/kapitel/ns-regime/ns-organisationen/organisation-todt.html

http://www.fhq-riese.de

http://www.muna-grebenhain.de/geschichte.html

http://nuclearweaponarchive.org

http://www.ostwall.info

http://www.petermann-heiko.de/aktuelles/dokument.php (nicht mehr verfügbar)

http://www.radartutorial.eu/02.basics/Ground%20penetrating%20radar.de.html

http://www.revolvy.com

http://robertkwilcox.com/bio.htm

http://videos.huffingtonpost.de/news/russischer-odab-500-sprengkopf-vakuumbombe-faellt-auf-idlib-was-folgt-ist-keine-detonation-sondern-diese-aufnahmen_id_5941551.html

https://www.youtube.com/watch?-v=-NcOwCrkk00

Zeitschriften:

Kerntechnik, März 1962

Zeitschrift für Angewandte Chemie, Heft 47, 1934

Zeitschrift für Geschichtswissenschaft, Heft 6/2014

Sonstige Quellen:

BIOS Final Report 142

US Archives NARA Southeast Region, East Point, GA, Beta Oxide Transfer Report

Bildnachweis

© Christel Focken, Rolf-Günter Hauk, außer:
Titelbild: © Adobe Stock (currahee_shutter)
Seite 7: BArch Bild 183-H25336
Seite 11: BArch Bild 146III-372
Seite 12: BArch Bild 146-1969-146-01
Seite 12: Geoportal.gov.pl
Seite 15: Gedenkstätte Mauthausen / Innenministerium Wien
Seite 18: Husnock
Seite 20: BArch Bild 183-2008-0922-501
Seite 23: Deutsches Museum, US gov
Seite 24: U. S. Army
Seite 25: Com_XS129-02
Seite 26: drjohnone, US Department of Defense
Seite 27: Panoptik
Seite 29: rechts: BArch Bild 183-46019-0001, links: BArch Bild 101III-Alber-064-27A
Seite 32: nuclearweaponarchive.org, John Coster-Mullen
Seite 34: Universität von Kalifornien (UC) in Berkeley
Seite 38: Get it
Seite 44: oben: BArch Bild 183-71226-004, George Grantham Bain Collection (Library of Congress)
Seite 45: Federation of American Scientists, Pajs
Seite 47: © Adobe Stock (Peter Hermes Furian)
Seite 48: Stadtarchiv Wesel
Seite 64: Peter Lohr
Seite 65: geo-detect.de
Seite 66: www.ostwall.info
Seite 67: Tero Vido
Seite 71: Peter Lohr
Seite 72: Peter Lohr
Seite 73: Peter Lohr
Seite 74: BDFWT
Seite 75: Peter Lohr
Seite 76: Peter Lohr
Seite 77: Peter Lohr
Seite 80: BIOS Report Number 142
Seite 83: Peter Lohr
Seite 86: Claudia Masur
Seite 87: Peter Lohr
Seite 88: Peter Lohr
Seite 91: Ralf Ehrmann
Seite 93: Peter Lohr
Seite 94: Peter Lohr
Seite 95: Peter Lohr
Seite 96: Peter Lohr